VASILY
ALEKSANDROVICH
SUKHOMLINSKY
ON EDUCATION

Vasily
Sukhomlinsky

蘇霍姆林斯基

談教師與學生

瓦西里・蘇霍姆林斯基——著

王黼萍——譯

智育的真正含義、培養良好的記憶力、集體對個人的威力，著名教育理論家給老師的建議

他的教育學著作被稱為「活的教育學」、「學校生活的百科全書」；
由他擔任校長的巴甫雷什中學被稱為世界上最著名的實驗學校之一！

收錄最經典著作《給老師的一百條建議》、《要相信孩子》
一本書讓你深入了解兒童文學家蘇霍姆林斯的教育思想！

目錄

CONTENTS

導言

導言

　　瓦西里·亞歷山德羅維奇·蘇霍姆林斯基（1918 年 9 月 28 日～ 1970 年 9 月 2 日），蘇聯時期享譽世界的教育實踐和改革家、教育思想家和教育理論家。他的教育學著作被稱為「活的教育學」、「學校生活的百科全書」，由他擔任校長的巴甫雷什中學被稱為世界上最著名的實驗學校之一。

　　1918 年，蘇霍姆林斯基出生於烏克蘭。1935 年，年僅 17 歲的他在經過一年多的短期培訓之後開始從事教師工作；1939 年，他在波爾塔瓦師範學院語言文學系接受函授教育，獲得了中學教師的合格證書，並先後擔任中學語文教師、教導主任。1941 年，德蘇戰爭爆發，蘇霍姆林斯基奔赴前線，因受重傷不能重上戰場，所以被委任為一所中學的校長。從 1948 年開始，蘇霍姆林斯基開始擔任巴甫雷什中學校長，直至去世。

　　在長達二十多年的教育工作實踐中，蘇霍姆林斯基既擔任校長這樣的行政職務，也擔任課程教師和班導師，這就讓他能夠從學校教學和管理工作不同的角度、不同的側面進行全面而廣泛的觀察，對於學校教育、教學和管理過程中存在的各種現象和問題進行科學的研究與分析，並及時的總結經驗教訓，而且將這些感悟提升到了理論的高度，最終形成了一個龐大和完整的教育思想體系。

　　蘇霍姆林斯基對於教育、教學、學校管理等一系列問題

進行了深入思考與分析，並將其寫成了 41 部專著、600 多篇論文、約 1,200 篇童話故事。其中最著名的包括《給老師的一百條建議》、《要相信孩子》、《巴甫雷什中學》、《致女兒的信》、《年輕一代的道德理想教育》等。

綜合來看，蘇霍姆林斯基的教育思想中主要有一下幾個特點：

一是熱愛教育工作，關心孩子。蘇霍姆林斯基對孩子有著天然的深厚的感情。他非常願意與孩子生活在一起，並且將孩子的快樂當成自己的快樂，將孩子的幸福視為自己的幸福。為此，他開創了一種於學齡前兒童的早教模式，讓孩子身體的發展、美育的發展和道德的發展這三者完美的結合在了一起。他認為，對兒童的教育不應該只是讓孩子們在教室裡學習，也應該到大自然中去。他用這樣的方式讓孩子們逐漸學會了如何認識大自然的美。

二是蘇霍姆林斯基相信每個孩子都有自己的優點和長處 —— 每一個孩子都是如此，一概不能除外。所以，教育者應當善於發現每一個孩子的特長，並且讓他們最大程度的發揮這種特長。這種特長不單指智力方面的優點，而是包括各個方面，比如有的孩子動手能力很強，那麼他同樣也可以有一番作為。

三是蘇霍姆林斯基將德育、智育、勞動放在了同等重要

的位置。他認為孩子良好的道德品格和習慣都是教育和培養的結果，對於犯了錯的學生和在學校期間未能教育好的學生，學校和老師都有責任，而對學生進行愛國主義教育、培養他們的同情心、在學生中間建立真正的友誼都是非常重要的。在學習方面，他認為不會有「抽象」的學生，老師的職責是讓學生懂得「活學活用」，要不斷運用已經學會的知識去學習新的知識。在勞動教育方面，他認為學生的勞動包括智力和體力兩個方面，並強調勞動教育應該從學習開始，從小就開始，而且要讓體力勞動與腦力勞動高度接近，要讓學生看到自己勞動的價值，只有這樣，學生的積極性和思想上的收穫也就越大。

　　本書從蘇霍姆林斯基傳世最廣、影響最大的兩部教育著作──《給老師的一百條建議》和《要相信孩子》中精譯、精選、精編而成，書中所選的篇目對上述蘇霍姆林斯基教育思想的主要特點有著全面的反映。也希望讀者可以透過這本精煉、精緻的小冊子領略蘇霍姆林斯基教育思想的強烈魅力。

上篇：
給老師的一百條建議

第一節
請牢記：沒有也不會有抽象的學生

　　為什麼從一年級開始就會有一些學生出現落後、考試不及格的情況，甚至在剛剛進入二年級和三年級的時候，老師就認為有些學生已經不可救藥，因此乾脆放棄了對他們的管教呢？這是由於在學校生活中的最重要的領域——腦力勞動方面，老師對兒童缺少個性化教育的緣故。

　　我們不妨舉個例子：讓剛剛進入學校的所有的七歲孩子全都去做同一項體力勞動，就比如說提水吧，有的孩子提了五桶就沒有力氣了，而有的孩子卻能提二十多桶。倘若強迫一個身體瘦弱的孩子必須也提滿二十桶，那就會讓他的體力受到損害，到了第二天，他就什麼也做不成了，搞不好還會累得去醫院看病。兒童在從事腦力勞動的時候，也需要付出類似的力量，因為人與人之間是不完全一樣的。有的學生對於教材的感知、領悟、識記的速度比較快，記憶力持久而牢固；但有的學生在腦力勞動方面則與前者截然相反：他對教材的感知速度很慢，他的記憶力不足以讓他持久而且牢固的記住那些知識。但是日後或許正是這樣的學生在學習和智力發展方面超越了一開始學習好的那些同學，而且獲得了更大的成就——這是很常見的事。這個世界上不存在那種抽象

的、可以將教學和教育的規律性都簡單照搬到自己身上的學生，也不存在對每一個學生都通用、可以保證他在學習上獲得成功的先決條件。而且，學習上的成功 —— 這是一個什麼樣的概念呢？它本來就具有很強的相對性：對有的學生而言，五分才是成功，而對另外一些學生而言，三分就已經很了不起了。作為老師，需要擅長做一件事，就是確定每個學生在當時所處的階段可以達到什麼樣的程度和效果，怎樣才能讓他的智力和才華獲得進步與發展 —— 這是一個非常重要的教育技巧。

是否能夠小心的呵護每一個學生好不容易才培養起來的自尊感，是由老師認為學生可以在學習上獲得什麼樣的成績所決定的。不要強迫兒童去做他無法做到的事情。不管哪一個學科，在其教學大綱範圍內，雖然包括了一定水準和一定層次的知識，但卻沒有將活生生的兒童包括在內。不同的孩子要想達到這個知識的水準和層次，他們所走的道路都是不相同的。有些孩子在上一年級的時候就已經能夠完全獨立的領會應用題的題意並做出正確答案，而另外有些孩子一直到上了二年級甚至到了三年級結束的時候才可以達到這樣的水準。老師應該明確：需要透過什麼樣的方式，經過哪些阻礙和困難，才能幫助兒童達到教學大綱要求達到的水準，以及如何才能在每個學生的腦力勞動過程中具體的、一步一步的

達到教學大綱的要求。

教學和教育可以說是一門藝術，它的技巧在於，要最大程度的激發出每一個學生的能力，讓他從腦力勞動中獲得成功並享受到其中的樂趣。也就是說，在學習過程中，不管是腦力勞動的內容（即作業的性質），還是完成這些內容所需的時間，都應當本著區別對待的原則。經驗豐富的老師，會在同一節課上向部分學生安排兩道、三道甚至是四道應用題，卻為另外一部分學生安排一道題。或者，讓這個學生完成的作業是比較複雜的，而讓另外一個學生完成的作業則較為簡單。再或者，讓這個學生完成一項語言創造性方面的作業（比如寫作文），而讓另一個學生去背誦一篇文章的部分片段。

按照這樣的做法，那麼所有學生都是能夠獲得進步的 —— 只不過有的可能會快一些，有的則會慢一些。當學生完成了作業，獲得了老師的評分時，他可以從評分中看到自己的勞動和努力，學習能夠在精神上為他帶來滿足感，並且產生一種有所發現的歡樂。在這樣的情況下，老師和學生的相互關心與相互信任就會相互結合起來。學生便不會單純的將老師當作一個嚴厲的監督者，也不會將評分當作一種棍棒。他可以坦誠的對老師說：在某些地方我做得不夠好，而在某些地方我根本就不會。他的內心是純淨的，他不會去抄

襲同學的作業或是在考試的時候作弊，因為他想確立自己的尊嚴。

在學習上獲得好成績——這一點，用一個形象的比喻，就如同通往兒童內心深處燃燒著的「成為一個好人」的火焰的那個角落的一條小路。因此，老師應該呵護這條小路和這團火焰。

我有一個名叫特卡琴柯（Tkatchenko）的朋友，他是一位非常不錯的數學老師。在談及自己備課的情況時，他說道：「我縝密的考慮每個學生上課的時候會做什麼事情。我會為他們選擇這樣的作業——讓他們能夠在做完作業的同時還能獲得一種成就感。假如學生不能在掌握知識的道路上前進哪怕是一小步，那麼這堂課對這個學生來說也是白費了。無效勞動——這或許是學生和老師遇到的最大最嚴重的危險了。」

接下來讓我們再看看另外兩位老師在巴甫雷什中學上數學課的情況吧。在作答應用題時（解題往往需要占用上課時間的百分之九十），他們兩位教的班級分成了好幾個小組。其中第一組都是學習成績最好的孩子，無需透過任何幫助就可以很輕鬆的解出所有的題目；其中還會有一、兩個學生可以當場口頭解答，他們無須做什麼書面作業：老師剛剛讀完題幹，學生便會舉手要求作答。對於這個組的學生來說，除教學大綱規定的內容之外，老師還需要找一些超出程度的內

容來教他們：要讓這些學生完成一些他們智力範圍之內、透過緊張動腦可以完成、卻又並不十分輕鬆的作業；有些時候，老師需要為學生安排這樣的習題 —— 他們無法獨立的解答出來，但是透過稍加指點和提示便可以讓他們完成。

第二組則是一些勤奮好學的學生，他們可以很好的完成老師安排的作業，具備展開一定程度的繁重的腦力勞動、勇於探索和克服困難的能力。老師們經常說，這樣的學生需要付出艱苦的勞動以及努力學習才能獲得成功，他們能夠在學習上獲得進步，是由於他們的勤奮以及堅持不懈。

被分到第三組的學生，能夠在沒有得到協助的情況下獨立完成難度中等的作業，但是一些複雜的、難度較大的習題在大多數情況下都無法解答出來。在指導這些學生做作業的時候，老師需要掌握較為高階的教育方法。

第四組的學生對於應用題題意的理解有些困難，作答的速度也比較慢。同樣一節課，他們所能夠完成的作業，與第二組、第三組學生相比，要少一半到三分之二，但是不管怎樣，老師都不要去催促他們趕緊完成。

第五組是極少一部分學生，他們的能力不足以應付任何中等難度的作業。老師需要專門為他們準備一部分題目，而且對於這部分學生的期望，只要能夠在一堂課上獲得進步就可以了 —— 哪怕是很小的一點進步也行。

　　這幾個小組的學生並非一成不變的，凡是能夠為學生帶來成功的樂趣的腦力勞動，總是能夠收到良好的效果，讓學生的能力得到發展。

　　有的老師能夠讓自己的每個學生在課堂上獲得不同程度的進步。這就需要去認真觀察學生上課期間的腦力勞動情況。在這樣的課堂上，充滿了上面說過的那種老師和學生之間互相體諒的氛圍，充滿了一種在智力上獲得鼓勵的精神，每個學生都會盡最大努力靠著自己的勞動去完成目標。從他們的眼神中，我們能夠發現那種精神高度緊張、專心致志思考問題的神色：有時閃爍著快樂的光芒（那是找到了正確答案！），有時又陷入了沉思（應該從何處入手來解決這道難題呢？）老師能夠在這樣一種氛圍中工作，的確可以說是一種莫大的享受。親愛的同行們，請你們相信：不管老師在這樣的課堂上的付出多麼辛苦、多麼精神緊繃的勞動，他都能夠獲得休息的時間，不然的話，一連上四、五節課該是多麼困難啊。

　　有幾年的時間，我一直在教五年級到七年級的數學課。的確，這些數學課與語文課、歷史課交叉安排在一起，對我而言就成為一種真正的休息。只要我們能夠讓每一個學生領悟通往成功之路上屬於自己的人格上的快樂，那麼這樣的課程就不會把老師弄得焦躁不安、精疲力竭。老師無須緊張和

害怕會有不愉快的事情發生，他無須去監控那些因為無所事事而時不時用一些頑皮的行為來「報答」老師的那些「調皮鬼」，這些孩子很機靈，但也不願意老老實實的坐著，不過在這樣的課堂上，他們全部的精力都能夠被納入正常軌道之內。如果老師善於將自己的學生吸引到一種具有預言性質的腦力勞動中去——只要他們盡全力去學習，就一定能夠獲得成功，那麼就算是那些總是喜歡搗蛋的學生，也是可以勤奮而又專心致志的學習的！在緊張的勞動中，這些學生展示出了積極向上的精神，這也讓他們變得與以往完全不同了，因為他們已經將自己全部的注意力集中到怎樣更好的完成作業上面了。

有些老師經常會發牢騷，說自己學生上課時很調皮，總是做小動作……這樣的抱怨總是會讓我感到困惑和不解。假如你們——我親愛的同行，慎重的進行一番思考——在課堂上應該如何讓自己的每一個學生都真正進入腦力勞動之中，那麼上面所說的情況無論如何都是不會發生的！

第二節
知識，既是學習的目的，也是學習的方法

　　我堅持認為：在學習過程中，孩子們會感到困難的一個重要原因，就是老師所教授的知識在進入他們的大腦之後就變成了無法活動的「貨物」，知識的累積完全變成了「貯存」，卻無法進入「周轉」的狀態，他們不能對知識進行有效運用，也不能利用已經學過的知識去學習新知識。在教學和教育的工作實踐中，很多老師覺得，學生學到「知識」之後只要能夠回答老師的提問就可以了。這樣的看法更加促使老師對學生的腦力勞動與真正的能力做出了片面評價：只要有人能夠將知識儲存在自己的記憶中，一旦老師發問的時候，馬上就能把這些知識「倒出來」，那麼這便是一個能力強、知識豐富的學生。但在實際教學上，這樣做會導致什麼樣的結果呢？那就是：知識與學生的精神生活相脫離，知識與學生的智力興趣相脫離。學習知識對學生而言已經成為一件令人厭煩的事，學生都希望可以趕快擺脫這種狀況。

　　因此首先必須要糾正的是對於「知識」這個概念的本質的認知。知識是需要去運用的，知識只有在變成精神生活中的一部分、占據了人的思想、激發出人的興趣的時候，才

能成為真正的知識。知識具有積極性和生命力，這也是它們能夠不斷深入發展的決定性條件。也只有不斷深入發展的知識，才能成為「活」的知識。只有在這樣的前提條件下，接下來說到的這種規律性才能真正實現：學生可以運用的知識越來越多，他在繼續學習的時候就會越來越容易。但令人感到遺憾的是，在教學實踐中經常出現截然相反的情況：隨著年級的增長，學生在學習的時候就會感覺越來越吃力。

那麼從上述這些分析之中，我們能夠得出怎樣的切實有用的建議呢？

請盡最大的努力，讓學生不要把知識當成最終的目的，而應該讓它變成一種方法；千萬不要讓知識成為一動不動、無法運用的「裝飾品」，要讓知識在學生進行腦力勞動的時候、在集體展開精神活動的時候、在學生與學生相互之間關係的發展中、在精神與物質不斷交流的過程中變成活的、生動的東西。如果缺少了這樣的交流，還想讓自己能夠在道德、智力、情緒、審美等方面獲得圓滿的發展，那是不可能的。

如何才能切實有效的實現這個目標呢？

在低年級的時候，也就是教學的最初階段，最主要的知識就是詞語，更準確的說，是從詞語之中認識和了解它所反映出來的真實的世界；詞語能夠在剛剛入學的孩子們面前展

現出來很多全新的、在入學之前完全沒有接觸過的東西。我認為，在剛剛登上知識的梯子的時候，讓一個學生邁出最開始的，同時也是最寬闊的步伐的，就是透過詞語來了解這個世界。在孩子的思維中，讓詞語變得鮮活，變得歡蹦亂跳，變成孩子可以用來掌握更多知識的工具，這是一件多麼重要的事情啊。假如你不想讓知識變成僵化的、無法靈活運用的裝飾品，那麼，就趕快將詞語打造成可以進行創造的一種有用的工具吧。

　　對於擁有豐富經驗的老師來說，在他的實際教學和教育工作中，這個方向性主要表現在：在學生展開腦力勞動的時候，居於首位的並非背誦書本上的內容，也不是將別人的思想都記在自己的腦子裡，而是讓學生自己進行思考，換言之，要讓學生去展開生動的創造性活動，透過詞語去了解周圍世界的一切事物和現象，並且與此建立某種關聯，以便體會詞語本身所具有的極為細微的感情色彩。我帶著孩子們來到了秋季的果園。這是一個初秋時節的明媚晴朗的日子，溫暖的陽光照耀著大地，蘋果樹、櫻桃樹、梨樹穿著盛裝，枝葉紋絲不動，沐浴著柔和的陽光。我向孩子們描述金色的秋天，講述自然界裡所有有生命的動植物是如何為了度過漫長、寒冷的冬天而做好充分的準備 —— 比如各種樹木、成熟之後落在土裡的種子、留在當地過冬的鳥兒、昆蟲等。等

到我確信所有的學生都已明白和領悟每個詞語以及片語的含義及其豐富的情感色彩時，我就引導他們談一談他們自身的所見所感。我親身耳聞目睹了孩子們當時對四周自然界景物所進行的驚人的、細膩的、鮮明的描述。孩子們說：「蔚藍色的天空下，一群美麗的白天鵝逐漸消失在天際」；「啄木鳥用長長的喙敲打著樹幹，整棵樹都發出了『篤篤』的響聲」；「一棵野菊花在路邊孤零零的開著」，「鸛鳥在牠的巢邊站著，眺望著遙遠的遠方」；「菊花上落著一隻蝴蝶，牠正在晒太陽……」孩子們並未重複我所說過的話，他們全都用自己的語言表述著。他們的思維不斷在活動，不斷在豐富，他們的思考能力正在養成，因此他們感受到了一種不可比擬的思考的快樂，並且獲得了認知的享受。他們甚至覺得自己變成了一位思想家。

你們是否能夠感受到 —— 或是從其他老師那裡聽到，有時候學生會對老師的話採取一種愛答不理、無動於衷的態度？比如，你正在向兒童描述一件非常有意思的事，但是他的目光卻非常黯淡，表情木然的坐在那裡，你的話並沒有對他的內心造成觸動。您完全有理由對此感到不安：因為這種對於詞語的漠然和不容易接受的性格，是孩子在學習方面表現出來的一個很大的缺點，假如這個缺點越來越放大，那麼他對於學習的熱情就會越來越低。

那麼這個缺點是怎樣產生的？其根源又在何處呢？

倘若詞語並未被當作一種創造的方式，而且不能在孩子的內心變得活躍起來；倘若孩子只是機械的記住別人的思想，卻不能創造出屬於自己的思想並且用詞語將它們描述出來，那麼他對詞語的態度就會變得冷漠、毫不在意甚至不願意接受。

第三節　初次學習新教材

初次學習新教材效果不佳，是學生在學習上落後、考試不及格的重要原因。

我在這裡討論「初次學習新教材」是想表達什麼意思呢？如果將它作為一個術語又是否能夠成立呢？我認為是能夠成立的。眾所周知，知識是不斷豐富和發展的，對某一科目的教材的學習會持續很長一段時間，而每一次運用知識，其實也是知識的深入和發展。而初次學習新教材，則是對事實、現象、性質、特徵等實質性內容從不明白到明白、從不理解到理解所邁出的第一步，也是最為重要的一步。

譬如，學生在很多課上都需要運用一些簡單的乘法公式。許多教學實踐證明，很多知識的掌握完全取決於在學習

這本教材的第一堂課上，學生能否深刻理解其中的某一個公式。首先，非常重要的一點是，這個公式能否隨時做好準備，可以用來作為獲得新知識的方法 —— 換言之，當我們在後面學習到新的定律時，能否順利掌握這些定律，也是由這個公式的掌握情況來決定的。這也是一條非常重要的規律：一個學生，他意識裡模糊的、不明確的、膚淺的表象的東西越少，他肩上因為學業落後所背負的壓力就越輕，他的思想在以後遇到初次學習新教材時所做的準備工作就會更加充分，他在課堂上進行腦力勞動所獲得的效果就越好。初次學習新教材時，在課堂上應當表現出這樣的特點 —— 這就意味著，學生展開獨立的腦力勞動所獲得的效果有著特別重要的意義。你要努力設法去做一件事，那就是在學生們初次進行新教材學習的時候，你能夠發現每一個學生所展開的腦力勞動分別能夠獲得什麼樣的效果。其中最重要的是發現那些學習困難的學生的表現和學習效果如何，由於這一部分學生思考和領悟的速度都比較慢，為了讓他們能夠從根本上理解教材，一定要多給他們一些時間。

經驗豐富的老師在初次教授新教材的時候，總是努力的去發現：學生是如何獨立做完作業的。在初次學習新教材的第一課上，一定要讓學生獨立完成一部分工作，並讓他們在獨立工作的過程中去思考問題，獲得一個概括性的結論 ——

當然主要是指自然學科的課程以及語法課。

　　還有一點非常重要，在思考的過程中已經包括了知識運用的多種因素。這其中也包括那些學習困難的學生正在進行的工作。我們應該走到每一個學生的面前，看看他們分別遇到了哪些困難，為他們提供專門準備的習題。有時，在課堂上就能發現，替某個學生安排一點家庭作業是有必要的，那麼經驗豐富的老師就會當堂留作業給他。學習差一些的學生展開腦力勞動獲得的效果怎麼樣，首先是由他在初次學習新教材的情況所決定的 —— 能否在課堂上正常的、有系統的展開工作；千萬不能讓他總是聽其他學生流利的回答每一個問題，而他只是負責將老師在黑板上寫的東西完全照抄下來。老師必須要想辦法讓他獨立思考，要耐心、機智的幫助他在接下來的每一堂課上的腦力勞動中獲得進步，哪怕只有一點點，也是好的。

　　我在上語法課的時候，總是要想辦法達到一個目標 —— 讓學生在初次學習新教材的課堂練習和課後練習中，不要犯書面上的錯誤。也許，這些話聽上去有些荒唐，但這卻是一個不變的真理：只有嚴格要求學生，讓他們不要在課堂上犯任何的錯誤，他才有可能做到閱讀和書寫正確無誤。只有做到了在課堂上不犯錯，才能在做家庭作業的時候不犯或者少犯錯。語文老師的工作之所以困難，最基本的原因之一就

是學生們在課堂上所做的書面作業中就存在錯誤。而老師的缺點則是因為他並未提出必須要讓學生在課堂上不犯錯這個目標。

但是事實上應當怎麼做才能達到讓學生書寫時不犯錯，進而打下扎實的基礎呢？這一點是由很許多因素決定的。或許，首先是由學生閱讀是否流利決定的。要想做到書寫時的正確無誤，就必須要能夠流利閱讀。還有其他因素 —— 包括課程結構、課堂上的工作方式、方法等。在語法課備課時，我會盡可能的預估一下，在哪個地方，哪個詞語，學生可能會犯什麼樣的錯誤，以及可能會是哪個學生犯錯。對於每一個「帶有嫌疑」的詞語，我都會事先進行詳細說明。

因此，我建議你們：在初次教授新教材的時候，不要讓任何一個學生在學習和理解現象、事實、規律性等有關知識的時候過於膚淺，不要讓學生在初次學習新教材的時候犯語法規則方面的錯誤，不要讓學生在初次學習數學方面的規律性知識的時候，就把例題和應用題給做錯了等等。

第四節　怎樣透過閱讀來擴大知識面

　　在學生的學齡中後期，需要閱讀科普書籍和科學刊物，這跟處於學齡初期的兒童需要進行觀察是同樣的道理，而且其作用也是同樣重要的。如果一個學生善於觀察，那麼他也很容易培養自己對於科學書籍的興趣。假如不能經常閱讀科學刊物和科普書籍，也就談不到對知識產生興趣。倘若學生連教科書的條條框框都無法跨越，那麼要讓他對知識產生穩定的興趣也是不可能的。

　　人類的科學正在以一種前所未有的速度向前發展，但我們又無法持續的將每天都在發生變化的新概念、新規律填充進中學教學大綱裡面。所以，在目前的學校生活中，讓學生們閱讀科學書刊便成了教學過程中一項非常重要的內容。

　　老師需要掌握如何激發學生產生科學書刊的閱讀興趣的方法。要想做到這一點，在對大綱規定的新教材進行講解時，就需要應點亮教材大綱之外的知識火花，用它來吸引學生的興趣。經驗豐富的數學、物理、化學、生物老師，在講課過程中，會有意的留下某些內容不講，而只是稍微打開一扇通往望不到邊的科學世界的窗戶，讓學生發現可以超出必修大綱教材內容的可能性，從而激勵著他產生在浩渺無邊的

知識海洋中游泳的嚮往 —— 青少年一心一意想著去讀那些書刊，這也是激發他們產生閱讀興趣的關鍵。

老師應當擁有自己的一份書單，不論是在學校圖書館，還是個人的藏書 —— 這些書籍可以幫助學生擴充大綱教材以外的知識。這一類的書籍有很多，有的已經正式出版，有的則正處於出版的過程之中。尤為重要的一點是，要讓學生閱讀處於當代尖端的關於科學的書籍、著作和刊物。這也能夠讓學生對自己在學校所學到的基礎知識領會得更加透澈。

有一些章節在教學大綱裡是最難的，只有弄懂了這些章節才能學會其他的章節。讓學生針對這些章節去閱讀一些增長知識的書籍，是具有非常重要的意義的。經驗豐富的老師總是想方設法的在講授這些章節之前、之後或同時，讓學生去閱讀一些相關的科普書籍。儘管學生根本就沒有學過量子理論的基本概念，仍然有很多不明白的問題，但是他已經開始閱讀這方面的書籍，這倒是並沒有什麼可怕的。學生的腦子裡產生的問題越多，他對於課堂上和學習新教材過程中老師所講的知識就會有更大的興趣。在課堂上，老師在講解新教材之前讓學生累積這方面的知識 —— 這倒是教學理論研究方面的一個重要課題。

第五節
要讓孩子學會利用可以自由支配的時間

對還處在兒童階段的學生來說，時間如何度過，這一點與成年人所理解的狀況是完全不同的 ── 我們永遠都不能忘了這一點。如果一個老師不考慮學生這個特點的話，就很難對他們的心情有正確的理解，這就導致他經常會碰壁。如果能夠在樹林裡度過陽光燦爛的夏季的一天，那麼對孩子們來說就如同過了整整一年；而在夏令營裡待一個月的話，他們就會覺得像是只過了一天。不要透過強制性規定和計畫來約束兒童，要讓他們認真的去觀察各種事物，讓他們看個夠。或許，你還可以給孩子整整一個小時的放鬆時間，讓他們分別去做自己想做的事情。這些都是兒童的天性，否則就無法培養兒童的感知和思維。

請記住，在這條道路上邁出每一步的時候，都可能有某些新的、未知的東西出現在孩子們的面前，這些東西會讓他們著迷，甚至占據他的全副身心，他不僅無法顧及其他事情，有時甚至連時間的流逝都無法感知到。就這樣，孩子會沉浸在童年時代的這種平緩的卻又無法阻擋的河流之中，他會忘掉（是的，完全忘掉）自己當天的家庭作業根本就沒有做，而這又是絲毫不值得奇怪的事情。我親愛的同事，你無

須驚奇，等到你向孩子詢問作業是否寫完的時候，他經常會乾脆的回答道：「我忘了寫作業這回事了。」當他這樣說的時候，似乎自己並不是犯了什麼錯，反而會覺得按時完成作業是一件令人感到奇怪的、不可理喻的事情一樣。你無須覺得驚訝：兒童在課堂上會盯著樹影在教室牆壁上投下來的跳躍的光點，看得入了迷，因此他對你所講的內容一點沒有聽進去。是的，他不會聽你講課，這是一種真實的情況，因為他一直沉浸在童年的河流之中，他對於時間的感知與成年人是完全不同的。你無須大聲的斥責他，也不要當著全班同學的面把他塑造成一個不注意聽講、坐不住的壞典型 —— 你需要做事情的根本就不是這些。我勸你輕輕的走到他的面跟，握著他的雙手，讓他從童年的奇妙的獨木船上重新回到全班學生所乘坐的那艘認知的快艇上面。而且更加重要的一點是：你不妨花點時間去乘坐一下兒童的獨木舟，跟他們在一起多待一段時間，從兒童的視角來看看這個世界。請你務必相信，假如你懂得了這麼做之後，接下來在學校的生活中就能夠避免很多由於互相無法諒解所產生的衝突：老師無法理解兒童到底做了些什麼以及為什麼要這麼做，而兒童也不明白老師到底要求他做什麼。

　　身為一個成年人，我也會受到某些有趣的東西吸引並沉迷其中，我有時候也很難從那件讓我入迷或讓我獲得滿足的

事情中擺脫出來。但是，在我的內心深處，卻始終有一個讓我不安的聲音在對我說：你還有工作要做，誰也不會替你把這些工作做完。這已經變成了一種下意識的信號，它會幫助我們更好的控制和利用時間。但兒童卻缺少這樣的控制力。因此他會忘了時間。我們需要教會他如何利用可以自由支配的時間。

那麼應當怎樣教導他們呢？強行要求他去思考，告訴他沉迷於一件事情的時候千萬不要忘了做功課嗎？將他與吸引人的事物強行隔絕開來，嚴禁他去接觸嗎？

這樣做是不行的。不要讓兒童違背自己的天性，要教給他們如何好好利用可以自由支配的時間，這也就是說：要盡量去做一些讓孩子感到有趣的、新奇的事情，同時讓其變成兒童智慧、情感與全面發展所必需的、不可或缺的東西。換言之，應當讓兒童的時間被那些令他們著迷的事情占滿，而這些事情又可以讓他們的思維得到發展，讓他們的知識與技能變得更加豐富，同時又不至於讓他們的童年趣味受到破壞。給兒童一些他們可以自由支配的時間，這並不是說讓他們願意做什麼就做什麼。如果放任自流，只會讓他們養成懶散拖沓、無所事事的壞習慣。

讓兒童學會利用可以自由支配的時間，不能僅靠語言的解釋（因為他們年齡太小還不明白這些解釋），而是需要透過組織活動，透過示範，透過團體勞動來進行。

第六節
讓每個學生都有自己最喜歡做的事情

請仔細思考一下，你的學生是如何以及在什麼地方利用（注意：並非「度過」，而是「利用」）他可以自由支配的時間的——而且是合理的利用。

在這裡，我又要說到書籍了。閱讀應該變成培養學生興趣愛好的最關鍵的發源地，學校應該變成書籍的王國。也許你是在非常偏遠的地方工作，也許你想去的文化中心和你住的村莊距離數千公里，也許學校會有很多欠缺和不足。可是，假如你那裡擁有一個書籍的王國，你就有機會讓自己的教育學素養得到極大幅度的提升，而你所獲得的結果也並不亞於在文化中心所獲得的。同時你也無須擔憂學生會因為沉迷於書籍而忽略了學習知識。

在一年級到三年級，老師必須要在所有的班裡設置一個獨立的「讀書角落」，在這裡擺放一些讓兒童感興趣的而且內容優質的書籍。讓所有學生都好好的將他們人生首次出現的小圖書館利用起來。我並不建議讓一年級到三年級（最起碼也是一年級和二年級）的學生去學校總圖書館裡借書：這是由於只有老師才懂得學生此時應當閱讀什麼樣的書。也許，

在某個時間階段，一個學生最需要閱讀的只有那一本唯一的適合他自身實際情況的書。在這一方面，任何人都不會比老師了解得更清楚。

請記住，不管哪種喜好，假如它無法觸動學生的思維並打動他的內心，那麼就不會帶來任何好處。我想著重說明一點，學生的第一個愛好都應該是讀書，並且這種愛好應該終生持續下去。無論你教的是哪一門課（文學或者歷史、物理或者製圖、生物或者化學），只要你想成為真正意義上的教育工作者，你都應該讓書籍變成學生的第一喜好。

書籍也可以成為一所學校，我們應該教會所有學生如何在書籍的世界裡旅行。正因為這樣，我才主張先設立本班級的小圖書角落，而後再逐漸教給學生如何利用學校的圖書館。對於這件事絕對不可以放任自流。你可以帶著小學生去學校的圖書館，向他們介紹圖書館裡都收藏了什麼樣的書，並且向他們推薦哪些書值得借閱。你也可以將推薦給學生可以閱讀的書單交給負責管理圖書的人員（自然，這些書應該是圖書館裡已經收藏的圖書）。

第二，應該指引所有的學生向愛好的發源地靠近，讓他們愛上某一門學科。在求學階段，一個人最值得驕傲的財富就是可以隨意支配的時間，只有滿足了這個條件，才談得到愛上一門學科，才能夠充分發揮智力的積極性。學校的所有

老師都應該進行深刻的思考，如何才能讓學生在學校的後半個階段「點燃起很多的火堆」，並吸引學生去對各個科學領域展開深入研究。這不只是指前面講過的建立各式各樣的科學小組的事情。還有讓同學們進行一些具有積極意義的活動，在這些活動之中，設法讓理論知識變成學生展開創造、處理各種智力任務以及勞動任務的主要刺激。在學校裡，要設兩個「難題室」，一個是生物和農學技術方面的，另一個是物理和相關技術方面的，它們會變成學生智力愛好的泉源。在這裡，學生的工作全部是單獨執行的。高年級學生是兩個難題室的管理人，但是他們對所有（從一年級至十年級）學生都敞開大門。學生在這裡可以處理各式各樣的工藝與生物學方面的工作。比如，我們建議學生製作設計一個能夠活動的機械模型，並要求用另一種工作零件來取代其中一種工作零件，還要求這個機械可以完成不只一種形式的勞動操作。生物學方面提出的課題是：在兩年的時間內，讓一塊荒地成為一塊肥沃的土地，在上面種植莊稼並獲取收成，還要為對人類有益的微生物創造存活的條件。

學生如何利用可以自由支配的時間，這是一件非常重要的事。你必須要讓學生學會養成合理而良好的習慣。

第七節　怎樣讓學生集中注意力

我帶著 27 個孩子去草地遊玩，想讓他們觀察植物是如何傳播種子的。在一個較遠的角落裡，有需要他們觀察的植物，要想讓每一個孩子都圍過來觀察這些植物，我必須讓所有孩子都圍攏到我的身邊，這就需要用到一根很細的、如同一根根無形「韁繩」一樣的注意力的絲線。因為在他們面前，除了這些植物以外，還有幾十種各式各樣的、十分有趣的東西，如果一個兒童的注意力被轉移到其中一件東西上，那麼這根絲線就會斷掉，而我要向他講的和要讓他看的東西，他也就不會再聽、再看了，因為他的心思已經跑開了。比如說，出現一隻翩然起舞的花蝴蝶，那麼柯里亞、瓦尼亞、娜塔羅奇卡、尼娜這四個小朋友充滿好奇的小眼睛就會立刻盯著那隻蝴蝶，所以這四根絲線就被扯斷了。如果突然再從我們的腳底下蹦出來一隻小青蛙，那麼又將有幾根絲線斷掉……

這種情況在課堂上也很常見。如何才可以將這群坐立不安的、好奇心極強的、隨時都可能跑去追趕蝴蝶的小朋友吸引到你的旁邊呢？當你開始為少年講述一些單調的、乏味的知識，而此時他腦子裡正在想著其他吸引人的、有意思的、激動人心的事情的時候，你該如何呢？

上篇：給老師的一百條建議

　　老師工作中最細膩的領域，同時也是研究得非常不透澈的領域 —— 就是控制學生注意力的問題。要想控制注意力，就一定要了解兒童的心理，懂得他們某個年齡階段的特徵。在學校多年的工作經歷告訴我，如果想控制好兒童的注意力，僅有一條路徑，那就是要有情緒高漲的狀態，即形成、確立而且保持兒童心理的這樣一種內心狀態，讓兒童可以明白自己正在進行腦力活動，獲得一種追尋真理的自豪感。

　　我們要創造這種狀態並且要動用一整套智育方法。要創造前面所講的那種全神貫注、情緒高漲的狀態，僅僅憑藉上課時採用一些特殊的方法，比如說選用適當的直觀方法，並不足以實現我們的目的。這種狀態的形成取決於多種因素，取決於學生見聞的廣度，取決於思維的素養和感情等。掌握注意力 —— 這是老師對學生的思維施加的一種十分細膩而微妙的作用。比如，我知道，生物學要學習一年，其中有很多起初看起來非常乏味的教材 —— 蠕蟲的生機活動、機體構成等。在講授這部分課程時，假如在學生的意識裡預先沒有一些可以和教材相「掛鉤」的思想，那麼不管怎樣你也不能控制他的注意力。在這裡，學生的注意力取決於他預先了解的一系列常識，了解這些常識，他就會將乏味的教材看作成有意思的教材。比如，學習有關蠕蟲的教材，學生應該了解這些常識：有益的蠕蟲（比如蚯蚓）對植物生長的作用和對土

壤構造的作用，各種常見的、普遍的自然現象，一些現象對於另一些現象具有隱藏的依賴性等等。

　　我如果要讓學生聽關於蠕蟲的教材並且要他們集中注意力的話，就必須得對我理想中的那種學生的情緒狀態進行培養，我會推薦他們讀一些與土壤以及大自然界有關的、非常有意思的書。當我講解一開始看起來沒有任何趣味的那部分教材時，我的話語針對著學生的思維，他們的思維似乎被我觸動，所以我所講解的事物就會在學生的意識中引起興趣。這種興趣首先是由內部的誘因和刺激造成的；過去在閱讀時學生腦子裡留下的思想，此時似乎又甦醒了，更新了，它盡力向我的思想靠近，學生不只是在聽講，學習新教材，同時也在搜尋自己意識深處的某些現象和事實，並且對其進行認真深入的思考。

　　隨意的注意應該和不隨意的注意互相結合。當學生一邊思索一邊聽講的時候，才可以做到這種結合。要想做到這一點，就一定要讓學生意識裡產生「思維的導火線」，也就是說，所講的學科中，應該包括一些學生們已經學過的事物，在學習教材過程中，學生越積極思考，他學習起來也就越輕鬆。減少學生腦力勞動的關鍵前提之一是透過閱讀而做好準備的注意力。在課堂上只要能夠把學生隨意的注意和不隨意的注意結合起來，那麼學生就不會感到特別疲憊。

假如老師沒能設法在學生身上形成這種智力振奮、情緒高漲的內部狀態，那麼知識就只能引發一種冷漠的態度，而不動情感的腦力勞動僅僅能帶來疲憊。甚至於那些最用功的學生，即使他有意識的去了解和識記教材，但他依然會非常快的「超出軌道」，失去了解因果關係的能力。並且他越是努力，反而越不容易控制住自己的思維。那些什麼都不閱讀的學生 —— 除了教材之外，他們把所有負擔都轉移到了家庭作業上面，而且他們在課堂上掌握的知識十分淺顯。因為家庭作業負擔過重，導致他們沒有其他時間閱讀科學書刊，因此就形成了一種「惡性循環」。大家都知道，學生對學科的興趣可以透過直觀方法來提升，並可以從中提高學生的注意力。可是，直觀性作為教學原則來講，則具有廣泛的意義。假如能夠將直觀教具只當作是吸引學生注意力的方法，那麼不只是對教學，對於智育也是非常有害的。

第八節　如何培養良好的記憶力

在教學實踐活動中，老師遇到的最尖銳的問題就是記憶力的培養。或許，我們所有人在碰到記憶「有漏洞」的學生時都會無能為力：他今天能夠記住，明天就忘記了。我在這

裡打算提出的關於培養記憶力的建議，依據的是現實經驗，也就是感性材料。

邏輯認知對於情緒領域的觸動越深，且憑藉頑強意志與自身努力而獲得的知識越多，那麼記憶就會越牢固，在意識中新知識的安置就越有秩序與嚴整。

在開始識記之前，應該像之前講過的那樣，讓兒童進行一番思維練習。放在記憶面前的任務越困難、越複雜，對智力、思考與思維的練習就應該越精細越耐心。假如兒童僅僅能看見表面的、有目共睹的事物與現象，而他自身卻從未深入到事物與現象的深處和本質中去，未做出任何「發現」，未體會過發現某種現象時那種出人意料的且相互關聯的奇特的感情，那麼這樣的兒童在進行識記時，就會感到很艱難。

我相信：即使兒童還未達到需要在家庭與課堂背誦和記憶的階段，他的記憶力的培養也應該受到額外的關注。為牢固的記憶力打下基礎的最好時期是學前期與小學學習期。值得注意的是，那些與周圍世界的規律性與現象有關的重要道理，不要透過專門的識記和背誦讓兒童掌握，而應該在直接觀察的過程中被掌握。

也許我們都曾遇到這樣一種奇怪的現象，它幾乎令所有人都有過茫然失措的感受，那就是：兒童在小學階段學得非常好，然而從小學畢業之後學習就不好了。這是什麼原因？

為什麼會產生這樣的現象呢？有一種解釋是這樣說的：在小學階段，缺少一種以培養智力、發展思維、打好記憶力基礎為目標的專項工作。在小學階段，應當為記憶力打下牢固的基礎。而讓記憶力變得牢固的重要基礎就是兒童在老師的指引下，在直接認識周圍世界的過程中，不斷的去探索、獲得並掌握知識。

第九節　智育的真正含義

智育包含以下幾個方面的內容：知識的獲取、科學世界觀的形成，創造能力和認知能力的發展，培養腦力勞動文明，培養一個人終其一生將知識應用於實踐和不斷充實自己智慧的需求。

雖然智育是在掌握知識的過程中展開的，但是也不可以簡單的把智育歸納為知識的累積。在智力訓練程度與教養程度之間，在智力發展程度與在學校所獲取知識的分量之間，是不能劃等號的，儘管後者也有賴於知識的分量。智育是個十分繁雜的過程，它包含智慧的思想方向性、創造的方向性和世界觀的形成，這些都與個性的勞動、社會的積極性有極為密切的關係，而學校內的教學教育工作和社會生活又被個

性的社會積極性和諧的融合到了一起……

　　發展智力的主要目的是在教學過程中完成智育。不讓任何一個沒有在智力方面受到過訓練的人進入社會生活，這是學校的理想。對社會而言，愚蠢的人同時也是危險的——無論他們受過什麼程度的教育。愚蠢的人本身不會變成幸福的人，而且其他人還會受到危害。當一個人走出校門的時候，或許沒能學習到其中一些知識，但他必須是一個聰明的人。應該再三重申：智力訓練的程度並不等於所獲取的知識的分量；問題的本質在於：人在多方面的複雜活動中，知識的生命是如何進行的。

　　曾有人說：「我們應該努力培養敏捷、生動的思維，也就是說，這種思維是可以反映出自然界本身的運動的。」在針對個體展開智育教育的過程中，老師只有自覺而牢固的掌握知識，並將其視為是發展創造力、認知力的思維（敏捷的、生動的、探求的、好鑽研的、永遠不因為已知而滿足的思維）方法時，才能夠實現這一切。在這類老師的眼裡，知識是一種有效的工具，學生可以憑藉這種工具在創造性的勞動和認識周圍世界的活動中邁出自己嶄新的步伐。所以，智育的最重要的方法和途徑就是：生產勞動，實驗，探究，獨立研究文獻資料，生活現象和文學創作嘗試等。

　　智育對於人而言是不可或缺的，不只是為了勞動，還為

了充實精神生活。不管是將來的曳引機操作者，還是將來的數學家，都應該學會創造性的思考並且變成聰明的人。智慧應該給予人享受審美財富和文化財富的幸福。真正的智育會引導人去了解生活所有的豐富性和複雜性。假如訓練智慧僅僅是為了從事狹窄的職業勞動，那麼生活將會變得沉悶、貧瘠且遠離了理想。

創立在知識的根基上的信念的世界觀方向性，是智力訓練性的核心。我們覺得有一點是非常重要的，那就是在實踐過程中要遵從這樣一條真理：對世界的正確觀點的體系只是科學的世界觀的一部分，還有就是個性的主觀狀態，主要表現在意志、感情與活動中。智力訓練性的含義可以這樣理解，人對世界的觀點不僅表現可以對整個世界進行解釋，還表現在他擁有一種志向：透過自己創造性的勞動來建立、證明與捍衛某樣東西。

第十節　學會思考，不要死記硬背！

這是十六年前的事情了。我曾經聽過幾節三年級的語法課。在某一節課上，一位老師講述了一條規則。學生似乎明白了這條規則，也舉出了一些例子，並且背會了此條規則。

在第二節課上，老師提問了這條規則，然而此規則僅被少數幾個「最好」的學生記住了，剩餘的學生全都不記得。學生為什麼會把這條規則忘得如此之快呢？昨天不是還能夠流利的回答？昨天不是還全部都會背嗎？這到底是什麼原因呢？於是，老師又再一次讓他們舉一些例子，重新背誦。到了第三節課上，依舊是這樣的局面：這條規則還是只有那幾個「最好」的學生了解。這時候，再弄「教過的東西」已經是沒有時間了，於是她開始講解新教材，而對於那條已經「教過的」規則，僅僅是說：你們回家之後把它背會，我會檢查的……

　　接著我又聽了十來節課，與此同時我苦苦的思考著這樣一個問題：為什麼要學生記住之前學過的教材是如此困難的事情呢？每聽一節課，我的想法上就漸漸變得明瞭：死記硬背沒有經過充分思考的規則，僅僅能獲取表面的知識，然而讓表面的知識保持在記憶中是很難的。不明白的事物猶如滾雪球一樣，一節課連著一節課，越來越多。每次下課之後，我就和老師們一起思索：應該如何進行腦力勞動，才能讓知識在記憶裡保持，才能讓識記變得牢固，才能讓學生既進行了一些意志努力而且又不會感到十分困難的回憶起規則呢？我們不停的探究記憶與識記保持的心理學規律性，並提出各式各樣的設想，試圖弄清楚腦力勞動效率低下的原由。

　　學生看起來不是已經明白了嗎？那為什麼這條語法規則

這麼難記呢？對於學齡初期的兒童而言，是不是識記抽象真理（規則就是抽象）本身就非常難，並且更加難以留在記憶裡呢？我一邊不間斷的聽這位老師的課，同時也去聽其他老師講的課。我時常在一天內聽 5 節甚至更多的課。就是為了深入的了解現象和事實的究竟，為了更廣泛的進行對比和研究，這樣做是非常有必要的。這是一個從事緊張的腦力勞動的時期，對於那位女老師和我以及其他老師來說。我們大家的想法，到最後都歸結為一點，那就是必須要弄清楚，在記憶裡不斷鞏固的抽象的真理和知識，歸根結柢是由什麼來決定的？從這個角度出發，我們對課堂上所有的現象進行了考察。

大量事實的結果累積起來，經過我們的總結，得出了一條非常有意義的規律：學生記憶中的抽象真理和知識越難，就越需要用它們來解釋生活中的各種事實與現象，就像使用鑰匙一樣，如果這條真理總結的事實範圍越廣泛，那麼，要在記憶中保持這些真理和知識，很大程度上就是由學生到底獨立的思考和分析過多少事實來決定的。只有在這樣的條件下 —— 即抽象真理的本質在學生思索事實的過程中得到理解和揭示，在他思索事實的同時，能夠透過抽象的真理去了解這些事實，但沒有被要求記住這條真理本身，只有這樣，這條抽象真理才可以被很好的記住並一直保留在記憶裡。

那位女老師和我一起聽其他有經驗的老師的課時，看到一些事實，透過這些事實，這條腦力勞動的規律性讓我們「發現」了。比如，另一位教數學的女老師，在五年級的課堂上她說了一條規則。她向學生提出的目標是要求記住這條規則。但是她首先努力做到讓學生深刻明白這一規則的本質。然後，當學生徹底明白了這一規則後，她就舉出一系列的例子讓學生去反覆思考和理解。事實性的例子被學生在思想裡使用這條還未記住、但已經很好的理解的規則來解釋。因此我們就明白了：學生在解釋剛才講過的規則的時候越是不注意追求識記的目的，那麼他們的思想就越是能夠深入的集中到事實本身 —— 事實在他們的意識被思考得越多，那麼這條規則就會被記得越牢固。

當這條重要的規律性被我們發現之後，那位女老師在教導學生腦力勞動時，就改用了其他的方法。在上語法課之前，我們就制定了一些現象和語言事實的範圍，以便讓學生在思想上深入思考它們的同時來說明語法規則的本質。已經完全掌握了的規則，這時就不再是死記硬背，而是變成事實本身了，並且多次的從思想上被說明。學生多次在思想上想起這條規則，因此規則對他來講似乎成了一把可以試著使用的鑰匙。儘管這時候記住這條規則的目的並沒有被提出，但多次被當作鑰匙使用之後，這個規則也就被記住了。不僅被

記住了，而且幾乎不會被再忘記。記住了，並且未經過任何專門的背誦。極其重要的是，透過這條途徑所記住的規則，無論其中有那些地方被忘記了，學生只要經過一點努力就能回憶起來。或許是由於學生在遇到這種狀況時，是在回憶之前許多活的語言事實並在他的意識裡經過時，他憑藉這些事實曾在自己記憶中留下的痕跡，就能夠回憶出那條規則。

第十一節　要讓學到的知識「活起來」

我們在先進老師那裡獲得的經驗顯示：學生在學習過程中遇到困難的重要原因，就是知識變成了不可以移動的重物，累積知識好像是「為了貯存」，它們「不可以進入周轉」，在日常生活中不能得到應用，而且首先是不可以獲得新的知識。

很多老師在教育與教學實踐工作中，形成了這種慣例：學生被要求掌握知識，目的就是為了可以完成作業或者可以準確的回答所提出的問題。這種觀點只能讓老師片面的評價學生的能力與他們的腦力勞動：誰可以將知識儲存在記憶中，只要在提出問題的時候隨時可以將它們「倒出來」，老師就覺得誰是有能力、有知識的學生。

這會在實踐中造成什麼樣的結果呢？結果就是知識脫離學生的智力興趣，脫離學生的精神生活。掌握知識成為了一件沒有任何樂趣可言的事，成了為學習知識而學習知識。

按照我們的觀點，只有當知識吸引人的思想，成為人精神生活中的因素，激發人的熱情和興趣的時候，才可以被稱為真正的知識。只有這樣，下面這條規律才會開始發揮作用：如果一個人所獲得的知識越多，那麼他在學習新知識的時候就會越簡單。可惜的是，實際情況與此正好相反：每經過一年的學習，他就會覺得學習變得更加困難了一些。

在這些事實中，我們可以總結出哪些切實有效的建議呢？

我們應該努力做到以下幾個方面：讓知識既是獲取新知識的方法或工具，又是最終目的。要讓知識在學生間的相互關係中、在集體的精神生活中、在學生的腦力勞動中活起來，在接連不斷的、飛速發展的精神財富的交流中活起來（如果沒有這種交流，那麼很難想像會有完善的道德、智力、審美以及情感的發展）。

應該實際去做些什麼，以及怎樣去做，才能達到這個目的呢？

在小學，從一開始進行教學，學生知識的最重要的因素就是詞語。更準確的講，就是周圍的現實世界透過詞語和思

想被反映和表達出來。在兒童入學以前，這個世界不停的讓越來越多的全新的事物在他的面前展現。兒童憑藉觀察、借助詞語，邁出最初的、也許還是最大的一步，在認知的道路上。假如你不願讓知識成為僵死的、不可以活動的重物，以避免它阻擋兒童繼續前進在認識的階梯上，那麼你應該讓詞語成為兒童創作的方法之一。

在實際工作中有經驗的老師遵從這樣一個方向，那就是學生被占居首位的腦力勞動，不應該是背誦，而應是借助詞來進行生動的創作，進行思考，認識現象、事物、客體與周圍世界，了解其極細微的差別，並且深入思索這些細微的差別。

比如你將孩子帶到秋天的果園裡。初秋的日子是陽光和煦的。大地被溫柔的陽光溫暖著，各式各樣色彩鮮明的盛裝穿在樹木身上。你向孩子們描述金色的秋天，描述一切自然界的生物都在準備度過寒冷且漫長的冬季。可是，假如你不盡量注意讓詞語在兒童的心靈和頭腦裡變成一種積極的力量，那麼僅僅是你的思想在兒童頭腦裡進行堆積，在這個認識世界的過程中，從而將他的頭腦變成了知識的倉庫。當你堅信孩子已經清楚的明白了詞語、片語的情感色彩與豐富含意之後，你就會建議他們自己來描述他們所感受到和看到的事物。這時，很多關於自然美、關於周圍自然界的令人驚異的鮮明而精細的思想，就會在你的眼前產生。孩子們說：「一

朵白雲飄在蔚藍色的天空裡 —— 好像一隻白天鵝⋯⋯」；「樹幹被啄木鳥敲擊著，牠發出的響聲是清亮的⋯⋯」；「一株孤零零的野菊花在路旁開放著⋯⋯」；「鸛鳥站在巢邊上，但只用了一隻腿，並望著遠處的什麼地方⋯⋯牠在思考什麼呢？」；「菊花的花朵上落著一隻蝴蝶，牠應該在晒太陽⋯⋯」。

毋庸置疑，你的思想成為了兒童情感流露和創作的推動力與泉源，這是由於你善於將通往周圍世界的窗口在兒童面前打開。你的詞語、你的思想已經在兒童的意識裡發生了轉換；他們並不只是重述他們所聽到的話。兒童在學習思考的過程中，會得到一種無法比擬的思維的歡樂感，並從認識中獲得了享受。

或許你曾經觀察到或者至少在同事那裡聽說過：兒童對老師的話抱著冷漠的態度，無論如何也不能夠打動他，他眼睛裡的渴望認識的火花不能夠被點燃起來。假如在你的課上也發生了這種情況，那的確是值得擔憂的：這種對於詞語的無動於衷、冷漠的態度，的確是教學中的一大弊端。

這種弊端是從哪裡產生的呢？可能是由於在兒童的心裡，詞語沒有被當作一種創作的方法，也沒有活躍其腦裡，假如兒童僅僅是背誦，僅僅是被動的接受別人的思想，而不創造屬於自己的思想，不能用詞語將這些思想表達出來，那

麼，他將會變得對詞語缺乏領悟力。要預防這種冷漠的態度，你就要像預防最嚴重的後果一樣，不要讓兒童產生那種黯然失色的目光。你要將令人心情激動的、生動的詞語裝入兒童的意識。在裝進去之後，還要操心，不要讓它成為一枝枯萎的花朵，而要成為一隻離巢飛出的歌鳥，縱情的觀賞周圍美好的世界。

　　這條建議實際上觸及了老師教學過程中的一個重要問題，即把已經獲得的知識變成思維的工具，變成掌握新知識方式的方法。

　　關於學生腦力勞動積極性的問題，人們已經談論得非常多了。然而或許積極性各不相同。一個學生將他所讀過的東西背熟了，儘管沒有全部理解，但是可以將提問流利的回答出來。這也是一種積極性。但是以學生的智力，是否可以透過這種積極性不斷增加並深刻記憶這些知識呢？當然是不可以。我們應該竭力追求思想的積極性，並讓知識在運用和深刻理解的情況下不停的發展。

　　很多經驗豐富的老師覺得，可以讓學生憑藉已經累積起來的東西不停的獲得知識，這正是一種高度的教學技巧。一部分經驗豐富的校長在聽課與分析討論的時候，也正是以學生腦力勞動的這一非常奇妙的特質為依據，從而對老師的教育技巧來做出評判和結論的。

　　如何才可以讓教學變成一種複雜的思考工作，變成獲得知識的活動呢？這裡最重要的是什麼呢？獲取知識——這表示需要去發現真理、發現因果關係及其他各種關係。同時也表示需要解決疑問。你非常熟悉，當那種「不懂的地方已經非常明白」的跡象出現在教室裡時，或者形象的說，假如那隻鳥飛進教室裡落下來，學生的眼睛是如何的閃閃發亮，一種難以比擬的、十分特別的寂靜氣氛籠罩在教室裡。你應該努力做到，讓你的學生非常清楚的去看、去感受、去理解那些「不懂的地方」——就是說，讓疑問出現在他們面前。假如這一點你已經非常幸運的做到了，那麼這件事你就做成了50％。

　　換句話說，在備課時，對教材要進行一番思索並要從這個觀點出發：找出各種時間關係、因果關係、機能關係交叉集結的地方，也就是所謂的看上去難以察覺的「交集點」，由於疑問正是從這些關係中產生的，而這種激發求知欲望的刺激物就是疑問本身。

　　比如說你要講《光合作用》這一課。應該讓學生們理解植物的綠色葉子內部在發生著怎樣的變化。這一切都能夠講解得符合理論的系統性、科學的可靠性以及教學論的循序性。然而，即使這樣，你的講解能否成為讓學生積極的獲得知識的動力，也還在可能和不可能之間。我們的任務就是：

讓學生既可以一邊感受教材，又可以一邊尋求問題的答案，只有如此，知識才能成為有意識的被理解與被思考的東西。

在思考《光合作用》教材的時候：各種意義關聯互相交錯的「交集點」到底在哪裡呢？啊，就在這裡，最關鍵的「交集點」就是：無機物如何成為了有機物。你在學生面前打開一幅神祕的、扣人心弦的圖畫：無機質被植物從空氣以及土壤中吸收，而它們將被自己複雜的機體變成有機質。這個組成有機質的過程到底是怎麼回事呢？在植物機體這個複雜的、非比尋常的實驗室裡，需要經過陽光的照射，將礦物肥料這類死的東西，變成了香氣撲鼻的玫瑰花，變成了飽含汁液的番茄，這到底是經歷了一番怎樣的過程呢？

老師要這樣講解教材，才方便指引學生更加接近的思索這些問題，並且會讓所有學生感到興奮，因為他們從未見識過大自然擁有這麼多神奇的現象。

如何指引學生去接近這些思想呢？因此就應該了解：你在這節課上，什麼是需要講解徹底的，而什麼又是需要有所保留且不必講完的。這未講完的，就猶如是對學生的思維設立誘餌。這裡沒有任何可以適用於所有場合的現成的處方。一切都取決於學生已經掌握的實際知識和具體教材的內容。

再接著往下講。比如，疑問已經產生在學生的意識裡面了，然後你就要努力做到，從學生之前已經獲取的知識的所

有儲備中，挑選出回答這個問題所需要的知識。這種利用、挑選已有知識來回答不清楚的、不明白的問題的過程，就是獲取知識的過程。另外，還要注意讓每一個學生都可以獲取知識。對於那些注意力差的以及消極的學生，應該用多種不同的方法吸引他們展開腦力工作。方法之一就是安排一些需要他們獨立完成的題目。當他們把不清楚的、不懂的地方找出來之後，就可以建議他們：將全部問題都認真的思考一下，要集中精力，用筆將自己的思路記下來。

　　經常有這樣的情況，就是指導學生先去接觸某一類問題，然後再由你來講解教材。為了讓學生在這種情況下也可以積極的學習，你應該清楚的了解所有學生的知識水準：有的學生可以牢記學過的東西，有的學生就容易忘記，有的學生知識水準高些，有的學生知識水準低些。正因為這樣，你要做好學生腦力勞動的指引者，讓所有學生在認真聽你講解的時候，也可以跟隨你的思路走，而且同時將所保存的東西從自己的知識貯存裡面找出來。假如在原本應該儲存知識的地方是一片空白，假如有的學生已經在你講課的思路中迷失了方向，那就一定要以補充的講解來彌補這個空白。這是需要有非常高的技巧的。你要能夠發現：正是此時，在這一剎那，有的學生已經「斷線」；你要能夠馬上就回想起，學生可能是什麼地方忘掉了，聽不明白教材的原由是什麼。常用的

解決方法是，在這個時候，你要想獲得「回饋資訊」，你可以提問題，讓學生簡短的回答一下，哪怕只有一句話或者幾句話也沒關係，因此這樣你就能夠清楚的了解到，這些學生遇到了什麼問題，以及應該如何幫助他們去解決這些問題了。

在上課過程中，有經驗的會在意義連結的地方，即思想互相糾纏、碰頭、交織的「交集點」上，特別留意監督學生的腦力勞動。正是在這理解教材道路上的「監督點」上，更應該用這樣或者那樣的方法進行檢查：我是不是要將予以他們的所有事物，都已經帶入到了這個點上？當學生學習新知識的時候，他們要從「知識倉庫」的哪些角落裡利用和提取自己的貯存呢？在這些「監督點」上實行檢查，是讓學生積極的獲得知識的關鍵前提。憑藉所學教材的具體內容，這種檢查能夠以各式各樣的方式來進行；比如安排短小的只需要一、兩分鐘就可以完成的實際作業，提出問題，要求學生做總結性的回答等。

假如有的學生已經查明在某些地方沒有理解，那麼有經驗的老師會在前面的「監督點」上去尋找「可疑點」，而不是再重新從頭講起，找到之後，再提出一些問題，以便讓學生把斷掉的思路抓住，讓他們重新記起那些阻礙理解新教材的東西。

我們在教學實踐中遇到的最為繁雜的問題就是：當老師

在講解、敘述教材時，就算學生們看上去並沒有積極的活動，也能夠使學生積極的獲得知識。

第十二節　撥響孩子心中「詩的琴弦」

　　不久之前，一位來自基洛夫格勒州的女老師到我們學校參觀時抱怨說：「我真是不明白，孩子們上學之後，在他們身上到底發生著怎樣的變化。孩子來時，既聰明伶俐，又勤學好問。但是你看看，到了五年級的時候，他就變成了一個平庸的學生，等到他上了六年級之後，他就再也不想學習而且進入不及格學生的行列之中了……到底要怎麼解釋這一現象呢？」

　　確實如此。為什麼很多學生都學不好呢？為什麼上了八年級的學生，在面對一個只要稍加思考就能解答出來的基礎性問題，也往往無法獨立的進行這項工作呢？按照所謂的教學論，其中所包含的道理應該是這樣的：學生掌握了越來越多的知識，那麼他在獲得新知識的時候就會變得越來越容易。但是事實卻是截然相反的：學生掌握的知識越來越多，他後面的學習反倒是越來越艱難。為什麼會發生這樣的事情呢？為什麼很多少年在八年級畢業之後就不想再繼續學習下去了呢？是像他們所說的那樣，學習這件事太難了嗎？

　　一直以來，我都堅持這樣一種觀點，那就是現代教育的整個教學體系存在著一個非常嚴重的錯誤：沒有進行充分的智力訓練，也就是說，在發展學生能力方面，沒有展開足夠的、專門的訓練工作。一天又一天、一年又一年，學生們只是在不斷重複著別人的思想，卻沒能夠將自己的思想鍛鍊和表達出來。學校和老師對他們只有一個要求，這也是他們唯一的任務——認識、記住、再現某個知識點。如同我們目前所做的那樣，將學校的語文教學簡單歸結為死記語法，這是非常荒唐的，我們要知道，孩子早在知道這個世界上還存在語法這個東西之前，就已經可以理解本民族語言之中所包含的極為細微的感情色彩了。所以，學校的第一要務，就是教會學生如何進行思考和表達。經驗豐富的老師們都相信：很多學生之所以連語法都沒能學好，正是由於詞語沒能成為發展智力的工具和方法。

　　我已經在學校裡當了三十三年的老師，並逐漸形成了這樣一種理念：一定要把讓兒童掌握生動的詞語和培養他們的創造力作為教學的基礎工作。千萬不要去重複其他人的思想，而是應該創造屬於自己的思想。我曾經有幸（是的，這是一種真正的幸福）將一個班從預備班帶到了十年級，引導他們走過了一條完整的認知的路。這也讓我堅信：要讓兒童的好奇心、求知欲、活躍的智慧和靈動的想像不但不熄滅，

而且還能獲得發展，那麼我為學生們上的那門所謂的「思維課」是非常有必要存在的。

　　我讓將來會成為自己學生的六歲學前兒童一個星期到我的學校來兩次。然後我會帶著他們去樹林、河邊、果園和田野。我們使用的「課本」就是四周的世界，是陽光、草木、花兒、雲朵、蝴蝶以及各式各樣的顏色和聲音，它們共同構成了大自然五光十色的美妙樂章。我們每外出參觀一次，就會掀開一頁大自然的書。比如，書中的內容包括：自然界中的生物與非生物；水中和陸上的生命；種子和穗子；春天萬物復甦；秋天的最早到來；巢裡的螞蟻；天空中的雲雀……孩子學習了解並透過親身體驗來認識事物與詞語之間的深刻關聯。在這樣的思維課上所獲得的教學效果，是任何課本以及其他課程都無法做到的：孩子們不光是用自己的智慧，而且是用自己的整個心靈來感受和認知周圍的世界的。他們深刻的體會到了詞語的感情色彩：詞語就如同一點小小火花，可以點燃思維的火藥。在思維課上，孩子們不光是用耳朵去聽，而且還會調動全部感官去感知這些詞語，比如：閃耀的群星，柔和的清風。這些詞語像是有聲音一樣，使孩子們在意識深處永遠的留下了一幅鮮明的、令人難忘的、激動人心的畫面，最後成為他們內心帶有深刻印象的東西。

　　每個孩子，從他的天性而言，都是一位詩人，可是，要

撥響他內心深處的詩的琴弦，要讓他的創作之泉噴湧而出，就一定要讓他學會觀察與感受各種事物和現象之間眾多的關聯。例如眼前有一棵盛開著花朵的樹，孩子們能夠看到耀眼的陽光在樹下投射的光斑、樹上雪白的花瓣、來回忙碌的蜜蜂、輕輕顫動的樹枝與悠然自得的蝴蝶。我向他們點出上述事物相互之間存在的幾十種關聯，便激發出了屬於孩子們自己的、鮮活的思想來，他們開始編起了各式各樣的故事。我確信，只要親眼看到了這些不同事物，他們就能夠從中找出成千上萬種連結 —— 換言之，對於開著白花的蘋果樹、關於春天的明媚陽光、關於飛舞的蜜蜂和顫動的樹枝、關於翩翩起舞的蝴蝶，能夠編出千萬個不同故事，而且每個故事在情節上都是獨特的。

　　以下就是在我的思維課上，孩子們編出來的幾個小故事。在我的學校，從預備班開始直到七年級，都會上這門課。

花瓣和花朵（三年級丹尼婭作）

　　有一朵白色的大麗花盛開了。小蜜蜂在花朵的上面盤桓著、飛舞著，正在採蜜。

　　這朵白色大麗花有 42 片花瓣。其中一片花瓣很是驕傲：

「我才是最美的，如果沒有我，這朵花就開不了。我才是最重要的，如果我離開了這花朵，又能有什麼關係呢？」

花瓣用力掙脫了花朵，跳到了地上。它落進了玫瑰花的花叢中，等著看花朵會變成什麼樣子。

但是花朵卻一點事都沒有，依然微笑著朝著太陽，依然吸引了蜜蜂過來採蜜。

花瓣起身離開了，它遇到了螞蟻。

「你是什麼人啊？」螞蟻問道。

「我是大麗花的花瓣。我是最重要、最美的花瓣。如果沒有我，大麗花的花朵就開不了。」

「花瓣？我只知道花瓣是長在花朵上的，像你這種只有兩根細腳的東西，我可不知道是什麼。」

花瓣就這樣一直走啊，走啊，走到傍晚的時候就變得乾枯了。但是花朵仍然盛開著。

花朵少了一片花瓣之後仍然是花朵。但是花瓣離開花朵之後就什麼都不是了。

帶翅膀的花兒（一年級娜塔莎作）

這件事發生在夏天。那天刮起了一陣很大的風。風兒將一顆長著兩片毛茸茸小翅膀的種子吹到了草原上。這顆種子落到了草叢中。小草覺得奇

怪，就問道：

「你是什麼人呀？」

「我是一朵帶著翅膀的花兒，」種子回答道，「我想留在這裡，在這片草叢中長大。」

小草非常高興的對這位新鄰居表示歡迎。

冬天過去了，小草重新開始變綠。在那顆種子飄落的地方，長出了一根茁壯結實的莖，在上面開出了一朵黃色的花。那顏色很鮮豔，就像一顆小小的太陽。

「哈，原來你是蒲公英啊！」小草說道。

誰更聰明（三年級加里亞作）

公牛、山羊與綿羊在一起爭論誰才是最聰明的動物。牠們每一個都對另外兩個說：「我比你們更聰明。」

因為誰也不想承認自己比別人笨，所以他們就一起去找驢子，讓驢子來評判誰才是最聰明的。驢子於是向牠們提出了一個問題。

「那你們每個人都來說一說，青草為什麼會長大。誰能夠說得比另外兩個人更有道理，牠就是你們之中最聰明的那一個。」

公牛說：「青草能夠長大，是因為天經常下雨。」

　　山羊說道：「青草能夠長大，是因為經常被太陽晒。」

　　但是綿羊卻一句話也不說。一天過去了、兩天過去了、三天過去了、一個星期過去了，牠還是一句話也不說。

　　最後，驢子做出了最後的決定。他說，綿羊是最聰明的。因為他一聲也不響，那就證明牠的心眼比公牛和山羊多，雖然公牛和山羊也說了答案，但誰能保證牠們不會說錯呢。

　　在我的面前，由孩子編寫的故事有成百上千篇，其中每一篇都有各自的優點。你們現在已經讀了其中的三篇。我再重複一遍：只有當詞語真正進入學生的精神生活，變成他自己具有深刻個性與特點的創作工具時，才能獲得這樣的成果。這種工具，正好需要在童年期和少年早期進行運用。在這幾年之中（尤其是六歲到十歲這個年齡階段）沒能做到的事，此後就永遠也無法彌補了。假如孩子在小學階段沒有學會怎樣用詞語來進行思考和創作的話，那麼等到上了五年級再開始學習這項極為細膩的勞動，那就沒有任何意義了。

　　目前學校的所有教學和智力教育的體系，應該從根本上進行科學化的改造。讓明確的思想、鮮活的詞語與兒童的創造精神成為學校這個王國的統治者吧。學生的精神生活與智

力發展的所有內容和根本性質，都應該建立在這三大支柱上面。

第十三節
讓學生進行獨立的腦力勞動—研究性學習法

或許我們都曾經看到過這樣一種對於學校而言非常具有代表性的現象 —— 很多學校在智力教育這個問題上未能給予應有的注意。老師在對新教材進行講解的時候，例如在講三角函數這個概念的時候，學生們也都非常認真的聽老師講解其中豐富的內容。在講完新教材之後，老師向學生們問道：

「你們有沒有什麼疑問？」

教室裡非常安靜，沒有一個人吭聲，也沒有人向老師提出疑問。這樣，老師就覺得學生們已經理解了教材的內容。但是，等到學生們一個接一個的被叫到黑板前面，被老師要求把他講的東西重新講一遍時，他們卻只能給出一知半解的回答 —— 他們對於教材的理解並不是十分清晰。老師只好再講解一遍，一邊講一邊生氣的對學生們說道：

「原來你們什麼都沒有弄明白，那方才為什麼你們不提出自己的疑問呢？」

　　在這樣的情況下，學生無法提出問題的，這會令一個缺少相關經驗的老師覺得吃驚，這種現象其實是根本沒什麼值得奇怪的。學生並沒有意識到自己對教材到底了解到了什麼程度，因為老師在剛開始講課的時候就沒能夠讓學生明白：到底哪些是一定要理解的知識，在教材講解和學習的過程中，學生和老師到底分別要達到什麼樣的目的。要讓學生的思維、思考變成真正的腦力勞動，那就一定要讓他們的思維具有明確的目的性，換言之，要讓它最終能夠去解決某些問題、完成某些任務。老師越是擅長讓學生的思維活動帶有明確的目的性，那學生們就能夠更加積極的把自己的智慧力量投入到這種活動中來，而他們所遇到的障礙與困難也就暴露得更為明顯，這樣腦力勞動也就變成了一個不斷克服困難的過程。有些老師始終抱著一種不正確的觀點，他們覺得把教材講得越透澈、越容易懂，學生們的疑問就越少，他們對於知識的掌握就會更加深刻。曾經有這樣一位小學老師，是公認的講解算術應用題的專家。為了讓學生更容易的「領會」應用題所需要的條件，她事前準備好了很多的表格和圖片，有時甚至還將應用題裡涉及的實物帶到了課堂上來。看上去，她的學生們在解答應用題的時候似乎非常順利。可是，等到這些學生進入五年級之後，卻讓老師們大感吃驚：原來那位女老師教出來的學生完全不會做算術應用題。事實確實

就是這樣的，因為那位女老師在整整四年的時間裡，一直在非常小心的保護著自己的學生，不讓他們遇到任何困難，因此這些學生其實並未學會如何積極的進行思考。

另外一些優秀的老師在這個問題上則採取了完全不一樣的態度。他們對於學生的關注首先表現在：讓學生先弄清楚自己將要面臨和克服哪些困難，而且要將注意力和意志力全部集中到克服這些困難上來。經驗豐富的老師能夠明確的意識到，通常人們所說的對某種現象、事件或規律性進行詳細講解，就是老師不光要向學生揭開教材的實質，而且還要讓學生們學會如何思考，讓他們也可以獨立自主的透過自己的努力來給出相同的仔細的解釋。在我們巴甫雷什中學，有一位教一到四年級的女老師，她在算術課上便只是講解新的類型應用題所需要的條件。在她的講解中，主要是培養學生獨立進行腦力勞動的能力，它的目的是要找出學生不明白的地方。老師越是能夠圓滿的實現這個目標，學生對自己腦力勞動的終極目標就了解得越透澈。這位老師非常重視讓她的學生們自己動手去編一些新的算術應用題。她向學生們做出提示，讓他們了解各種數量之間的一些常見的相互依存關係，之後就要求學生們自己動手去編一些應用題。學生非常樂意去做這樣的作業，它可以提升學生對於周圍真實現象的興趣，發展學生找到各種事物與現象之間內在關聯的能力。學

生獨自編寫和解答的應用題越來越多，就能更加深刻的建立一種信念 —— 抽象的概念都是建立在具體事物及其真實存在的基礎上的。

　　總而言之，從感性的、具體的表象過渡到理性的抽象概念（也包括判斷和推理），是推動學生積極展開腦力勞動的非常重要的因素，而且這一點在小學階段是非常重要的，因為學生到了這個年齡階段之後，他們的形象思維就開始向抽象思維也就是邏輯思維急速過渡。所以這一時期的數學教學尤其是小學算術教學，在智育方面有著極為重要的意義。

　　一位高明的數學老師們總是努力讓自己的學生看到抽象與現實中具體存在的事物、現象之間的相關連結。舉例來說，在教授三角函數的知識點時，老師就會想方設法透過各種直觀的方法指出，正切、餘切、正弦、餘弦是對三角形各種因素之間的真實存在的關係和數量的概括和總結。採用這種教學方法，學生們就能夠在客觀實際之中領會應用題的方法。

　　在一位優秀的老師那裡，學生在學習上所表現出來的一個最大的特點，就是他們總是以一種研究的態度來對待學習的對象。老師並沒有將現成的結論或是證明某個定理正確性的推導過程直接告訴學生。老師有可能會讓學生自己提出很多種解釋，然後透過實際應用來驗證學生所給出的每一種

解釋是否正確。學生透過展開實踐（這個詞語從狹義上來理解，就是直接對各種事實與現象進行觀察），與此同時也運用抽象的思維來驗證一個解釋或是推翻另外一個解釋。如果能夠做到這一點，學生就不會消極的掌握知識，而是主動去獲取知識，即透過自身的積極努力來獲得知識。所以，這些知識能夠變成他的信念，學生也會十分珍惜這些已經獲得的知識。

無論是人文學科，還是自然學科，都可以採用研究性的學習方法。兒童在對某一現象進行分析時，在何種程度上主動的展現出自己運用智慧解決問題的努力，不僅決定了他掌握的知識的深度，而且也決定了學生在實踐活動中對於知識的運用能力。在這樣的課堂上，我們能夠發現學生正在進行真正的腦力勞動：他們可以對活的語言現象（語文課）進行深入的思考與分析，進行豐富的對比和比較，並且自覺、主動的努力克服各種困難（此時的困難已經變成了非常明確的需要解決的問題）。學生在這個腦力勞動過程中所獲得的知識，能夠讓自己對這些知識的記憶保持得更加深刻和牢固，而且更加重要的是，能夠讓學生堅定一種在以後的實踐活動中更加完美的運用這些知識的決心。

當然，學生在對活的語言事實進行分析時，並不一定總是可以找到問題的終極答案，換言之，他們的腦力勞動的最

終結果並不一定總是能夠發現真理。可是，我們的目的也並不是這個。老師的任務是：讓學生能夠清楚地了解到自己所理解的、不理解的事物的實質，讓他們覺得不解決這個問題就不能安心，而解決這個問題的過程是一種具有吸引力和趣味性的勞動。經常會發生這種情況，即在學生們所提出的幾種假說之中，一種能夠得到證明的都沒有，這時學生對於所學的教材的興趣反倒更為強烈了。如果老師在這個時候向學生提示一種最為合理的假說時，他們便會驚喜的想到：原來其中的道理是如此淺顯，但是我們自己為什麼就沒想到這一點呢？學生在做好了這樣的理解準備之後，很多事情就會變得顯而易見且形象鮮明，能夠被學生牢牢記住，永遠不忘。以至於當時學習這些知識時所發生的具體情境，也能夠深深的烙印在他們的記憶中。

　　經驗豐富的老師在教授社會科學基礎學科（尤其是歷史和文學）的課程時，可以熟練運用這種帶有研究性的學習方法。學生在學習這些課程的時候，有很多獨立展開工作的可能性，只要可以正確運用這樣的可能性就行了。學生獨立研讀教科書或是原著（在學習文學的時候閱讀文藝作品，在學習歷史的時候閱讀文選或歷史文獻）都不過是一種腦力勞動的形式和一種實現目的的方法，其真正的目的是讓學生去研讀並分析那些尚未明確闡述的、似乎已經隱藏起來的某種內

在關聯和規律性。比如說，在學過一系列古代史的知識後，老師會對學生安排下列思考題：不同的國家、不同的時期所發生的很多次奴隸反抗奴隸主人的起義之間有哪些共同之處？為什麼這些起義沒有一次能夠實現建立一個合理的、新的社會制度的目的？整體來說，在奴隸制條件下是否有可能建立一個不存在壓迫與被壓迫的社會？

這些問題的答案，學生們在書中是無法找到的。要想對這些問題做出回答，他們需要認真仔細的分析各式各樣的事實，對很多事件進行對比和比較，對一系列群眾運動的歷史命運進行深入思考。為了正確理解不同現象之間的內在關聯，就一定要對每一種現象背後的本質進行深入思考。學生們會反覆閱讀各種相關章節的教材，但是這樣的閱讀已經與第一次閱讀不同，學生在這時似乎是想從具體的資料中獲得抽象的知識。對學生而言，最重要的並非牢牢記住各式各樣的細節（譬如斯巴達克斯起義的各種細節），而是要找出這麼多次起義的普遍規律性，可是，要想做到這一點，理所當然的又必須熟悉每一個細節。在這樣的課上，學生進行腦力勞動所表現出來的特點，就是思維從具體向普遍的過渡。

高年級學生在上歷史課和文學課的時候，他們獨立進行的腦力勞動是從具體的知識材料過渡為這門學科的主要思想。這時就要對歷史上發生的事件與現象進行分析，要對文

藝作品中的形象進行分析，而且還要對周圍的現實實際進行研究。譬如，到了九年級，經驗豐富的歷史老師在向學生安排作業時，會讓他們對已經學過的本學科的部分章節進行分析，但是他的目的卻是為了讓學生對諸如以下問題進行研究：在不同的歷史時期，社會制度對物質分配制度與生產方式的依賴性；先進的、進步的思想是在什麼樣的基礎上形成的以及它對社會發展產生了什麼樣的作用，一個國家的人民在保衛國家、抵抗外國侵略者的運動中發揮了什麼樣的作用等等。

　　倘若學生在對這些問題進行分析的時候，能夠運用自己的智慧和努力，獨立的獲取一些可以涵蓋眾多事實、事件和現象的知識，那麼就可以說這些知識是非常寶貴的。但是，那些與實踐有著直接關聯的知識（就是與征服自然、勞動以及團體中相互關係等有關聯的知識），在學生的精神發展中也發揮了極為重要的作用。比如說，學生到底是透過哪些途徑來獲取與土壤生命、農作物發育等相關的知識的？他們是不是透過自身的刻苦努力來獲取這些知識的？這些因素都決定了他們會以一種什麼樣的態度來對待種植穀類和技術作物、增強土壤肥沃程度的勞動。採取恰當的帶有研究性的方法來學習各種自然現象、生產活動以及人的各種實踐活動，可以促使學生盡量努力的從實踐出發，在思維活動中發掘出

更多更有用的事實與證明資料。如果能夠達到這種程度，那麼知識對學生而言就不只是一種能夠將現實規律正確反映出來的真理，而且還是一種能夠對生活進行干預、對某些現象發展進程產生重大影響的方法。

透過對學生的思維活動進行觀察，可以得出這樣一個結論，假如學生所獲得的抽象的概念、結論、判斷等知識，是他們從自己研究與分析周圍現實的過程中所獲得的，那麼他們就能夠在這個腦力勞動過程中養成一種非常寶貴的特質 —— 不僅能夠透過直接觀察去研究、認識和探索事實和現象，而且還有能力透過間接的方式來做到這一點。譬如說，有的學生連續幾年都在少年技術家小組裡展開具有研究與試驗性質的模型設計與製作的活動，那麼等到他們升入高年級以後，當他們碰到機器（例如內燃機）出現某種故障的情況，他們就無須透過拆卸機器或是檢查某些相關零部件 —— 只憑一些簡單的徵兆和表象就判定哪裡出了毛病。

這樣的能力在生活實踐中具有不可低估的重要性，對於正處於求學階段的學生的智力發展也具有非常重要的意義。很多老師都熟悉這樣一種現象，在他們的教育工作實踐中這種現象很常見，但看上去卻又令人費解：隨著學生年齡的增長，他會覺得自己在學習上遇到了更大的困難；有些學生一年升一年級，但學習成績卻一年年下降。有些孩子在上小學

的時候是優秀生，但等到上了中學以後，他的學習成績就差了很多。對於這一點，我們透過觀察就可以證實，在很大程度上，導致這種現象產生的原因是由於學生沒有掌握透過概括性概念去了解周圍現實的能力，而這些學生之所以沒有掌握，又是因為他們並非透過研究事實與現象來形成具有概括性的概念、結論和判斷，他們所採用的方法是死記硬背。假如不是基於對事實的分析得出概括性結論，也不是在生活實踐中得出結論和判斷，那麼死記硬背的結果，就是學生們付出了很多辛苦勞動，獲得了很多知識，卻不能進行運用。於是便出現了這樣一種非常荒唐的現象：學生儲備的知識越多，在接下來的學習中反倒顯得越來越吃力。但倘若這些概括性結論並不是透過死背硬記得來的，而是經過了對事實與現象的分析，透過理解的方式從中獲得，那麼情況就變得完全不一樣了：學生的知識面越寬，學習新知識的時候就越容易。在學生初次接觸的東西裡面，有很多無須進行細節上的深入分析就完全能夠理解，因為在有些事實中間存在的新的相互關聯，對他而言只不過是一些已經熟練掌握的概括性原理在某些方面的具體表現而已。

第十四節　要勇於對學生「超越大綱進度」進行鼓勵

　　每個學生的思維發展都有各自的獨特路徑，每個孩子的能力和智力都有各自的特點。所有的孩子，只要他是正常的，就絕對不會沒有任何的能力與天賦。關鍵是，要讓這種智力與天賦變成孩子在學習上獲得成功的基礎，任何一個孩子，都不應該讓他在低於自身才能的水準上去學習。不管是哪個班級，不管是哪一屆學生，都會有一些天才出現：數學家、語文學家、歷史學家、化學家、植物學家、機械師、模型設計師等等。在孩子的學齡前期，我們就應該將他們這些才能的火花點燃。

　　我們所奉行的原則是這樣的：讓每個學生在他學習過程中都創造出他所能夠創造的成就。這樣的原則對我們幫助所有學生實現智力的全面發展、預防學習落後是很有幫助的。讓那些擁有極高天賦、具備優秀才能的孩子在低於自身能力水準的條件下去學習，是我們所不允許的。假如我們任憑一個原本應該成為研究自然的學者或是未來的科學家的學生 —— 讓他的水準降到一個平平常常的書呆子的水準，那麼其他那些尚未明顯展露出自身天賦與能力的學生便更無法充分發揮自身的長處了。我們覺得，要預防學生在學習方面成

績落後的現象發生，就一定要讓那些擁有極高天賦和能力的學生在自己擅長那些學科與能夠充分發揮創造能力的領域，適當超出教學大綱的限制。比如說，有個七、八年級的學生非常喜歡植物學，那我們就不必非要讓他只學中學階段與植物學相關的教科書，而是應該鼓勵他多學習與生物化學有關的知識，並對土壤裡的微生物展開研究。這對於鍛鍊和發展那些學習成績差的學生的才能也會產生非常大的影響，因為在一個班級中，智力生活可以說是一個統一的過程。我們堅信，假如一個班裡有幾名學生正在學習教學大綱之外的知識（因為教學大綱所規定的內容他們早都學會了），比如針對現代科學問題（例如量子發電機，以及半導體等電子儀器）進行研究，那麼在這個班裡就絕對不會有學生在物理考試中獲得一個不及格的成績。假如班上幾個才華出眾的同學正在研究教學大綱中並未涉及的別林斯基（Belinsky）關於文藝批評方面的論文，並且準備針對這些論文寫一篇研究報告，那麼在對教學大綱中所提到的「別林斯基的創作」一類晦澀難懂的章節的理解上，也能夠為學習最差的那一部分學生在學習語言文學的時候提供一些幫助。有一位才華橫溢的年輕人在對盧那察爾斯基（Lunacharsky）以及其他學者所寫的與偉大的文藝批評家別林斯基相關的論文之後，發表了一篇名為〈別林斯基的世界觀的演變〉的研究報告。如今他已經在一所

大學院校當了文學講師，成為一名年輕有為的學者。學生擁有較強的能力、較高的發展水準、較好的天賦，勢必會影響到那些學習較差、較為平庸的學生，這是一種很常見、很複雜的精神交流的過程。在這個過程中，各式各樣的學科小組與綜合技術小組活動，以及包括科技晚會、競賽、陳列櫥窗在內的各種課外活動，都會發揮非常大的作用。

數學老師在向學生留作業的時候，總是會安排幾種難度不一樣的作業。每個學生都能夠挑選自己能力範圍內的題目來做。但是由於腦力勞動是在整個班級範圍內進行的，因此也就具有了在創造性才能方面展開比賽的性質。誰都不想表現得比別人差，每個學生都希望在較難的題目上測試一下自己的能力。在這樣一種競賽的氛圍中，天才的才能可以得到真正的展現。在我們的學校裡，每屆畢業生（約 40 ～ 50 人）裡面都有兩、三個天才數學家。早在上中學時，他們就已經開始學習大學的教材並且能夠解答相應的題目了。

假如老師在能力最強的學生學習超越大綱程度的知識時能夠加以引導，那麼這個班級的智力生活便會非常精彩和豐富，進而對學習最差的學生也產生影響，使他們不甘心落後於同學。我們有一位物理老師就對學生們提出了要求 —— 按照「各盡其能」的原則來學習。在學習教學大綱裡的每一個章節時，他都會找出一些理論方面的問題讓能力最突出的學

生進行研究。他先是讓學生在課堂上接觸到這些問題，又讓他們在課後繼續進行研究。譬如，在學習電學與原子、分子理論的時候，有一部分頗具天賦和才能的學生開始研究起了下面這些問題：無發電機產生電流，熱核反應，原生質的特性，水電效應（蘇聯學者尤特金的研究成果），半導體如何應用於現代技術，現代科學中已知的基本粒子，宇宙中光是如何起源的等等。

在課堂上，老師讓學生們對這些問題進行了接觸，使他們對於課外閱讀和課外活動的興趣大大提高。在科技新聞的展覽臺上，在學校圖書館和閱覽室裡，在物理研究實驗室裡，都保存著一些與此相關的科學書刊；科技問題成為學生們談論的焦點，透過爭論，不僅使真理得到了普及，而且也讓學生的智力逐漸變得成熟。這是超越大綱學習的一個非常重要的階段。當老師覺得條件已經成熟時，就會委託最具天賦的學生來準備學術報告及簡介，或是設計編寫科技小組的壁報，又或是寫相關的評論文章等；還會舉辦科技晨會和晚會，讓學生們演講或是做報告。在這樣一種內容豐富、氣氛活躍的智力生活中，那些最具天賦的學生會了解、聽到、想到很多東西，也激勵著他們去進行更加深入的鑽研。正是由於他們接觸到了很多不是必須要識記的內容，反而讓他們可以更容易的理解和學會一些必須要識記的內容。

第十五節　老師，要愛護兒童對你的信任

　　我們所從事的工作，從它自身的屬性和邏輯來說，就是對兒童的生活進行持續性的關心。在任何情況下，我們都不應該忘記：我們面對的是最容易受到傷害的、最為脆弱的兒童的心靈，在學校裡，學習並非毫無熱情的將知識從一個腦袋轉移進另一個腦袋，而是老師和學生之間無時無刻不在進行的心靈上的接觸。假如認為我們的學生都是可以堅強的戰勝困難的英雄，那未免就想得過於天真甚至可以說是一種錯誤了。令人感到遺憾的是，還有很多老師就是這樣認為的，這種教育觀念上的錯誤很有可能會帶來很多損失。兒童是脆弱無助的。每次我一看見那些初次跨入校門的孩子時，我總是會聯想起那些剛剛綻放的帶著紫紅顏色的桃花，要讓這朵花結成果實，園丁需要付出多麼大的心血和努力啊！入學之後的最開始幾個月，孩子們就會經常感到極大的痛苦落到了自己身上：「其他同學學習得都很順利，但我卻學不會那些知識；他們都得了五分或者四分，而我卻得了兩分；我哪一科都學不好，我真是一個沒用的人。」這才是一種真正的悲劇，它會讓孩子從內心變得粗暴，對一切都無動於衷。為了避免那些不愉快的談話，特別是為了逃避老師的懲罰，他們就開始投機取巧，開始說謊。他們沒有寫完作業，或是在課堂上

回答不出老師的提問，害怕老師替自己記分，就會說「我的記分冊弄丟了」，其實是他把記分冊故意藏起來了。這些事情是讓人感到非常痛心的。記分冊變成了一種嚇唬人的工具，兒童將它視為鞭子，老師會透過爸爸或媽媽的手來使用這條鞭子。令人感到遺憾的是，這種事情至今仍然時常發生。

　　唯有像監工一樣內心冷酷無情的人，才會在替自己的學生打兩分時，發自內心的希望那些不懂教育之道的家長透過粗暴的手法來懲罰孩子。給你一點建議，我年輕的朋友：兒童對你的信任就像一朵嬌嫩的花，你應該像愛護最珍貴的寶貝一樣來愛護它。因為它很容易就會被摧折，被晒枯，被不信任的毒藥摧殘致死。所以說要關心學生們的生活和健康，關心他們的利益和幸福，關心他們的完善的精神生活，首先就意味著你要愛護這朵嬌嫩的花 —— 孩子對你的信任。孩子信任你，是由於你是老師、導師與人性的榜樣。你一定要嚴格的、持久的去關心他們，堅決反對老師在教育工作過程中對兒童採取漠不關心、冷酷無情的態度。

　　老師要保持學習的願望，要充滿對知識、對掌握智力活動奧祕的渴求，沿著這條小徑一路攀登，才能最終讓你到達教育技巧的巔峰 —— 即師生之間透過心靈進行交流的和諧之境。我想對你說，年輕的朋友，一個非常簡單又非常複雜的教育方面的祕訣。這個祕訣對那些熱愛孩子的老師而言非常

容易就掌握了，而對於心腸像石頭一樣硬的人來說是根本無法令人理解的。這個祕訣就是：只有老師關心學生的人的尊嚴感，才能讓學生接觸學習的形式受到真正的教育。而教育的核心就其本質而言，就是讓兒童始終感受並保持一種尊嚴感：我是一個勤奮刻苦的腦力勞動者，是國家的良好公民，是父母身邊的好孩子，是一個靈魂高尚、充滿熱情、勇於進取的完美無瑕的人。

我從來都不會對還在上小學的孩子打出一個不及格的分數。假如孩子有哪些地方做得不夠好，我就會對他說：「你試著重新做一遍吧，只要用功一點，你就肯定能夠做好。今天我還沒替你打分數，希望你再多努力一些，這樣一定可以得到一個好分數。要是你有哪一道題不明白，那麼明天上課之前來找我，我們一起想想怎麼解決它。」上課之前的半個小時，是我跟孩子共同展開最有意思的腦力勞動的時間，同時也是我前面所說的與學生的心靈進行交流的幸福時光。在這半小時之內，兒童會帶著他的煩惱來找我的。要知道，兒童不知道怎樣做功課，沒有任何收穫，這是他最大的痛苦。不知道你是否有過這種體驗，與兒童一起思考，到底是什麼樣的感受？早晨，在校園裡一棵花朵盛開的蘋果樹下面，我與一個三年級學生 —— 尤拉坐在一起。在我們兩個面前是一道應用題，我們必須要將它解答出來。我隨時幫助這孩子撥正

思路與方向，最終，他發現了真理，內心被喜悅所充滿，他認為自己在認識的道路上又前進了一步。他覺得非常幸福，他的苦惱消失了。這種跟孩子在一起思考的時光，也帶給了我很大的快樂。我向你們保證，年輕的朋友：正是在這樣的時刻，兒童的信任才能充分的展現出來。如果我與他一道解除掉他的煩惱，他就絕對不會對我有所隱瞞。我讓他自己將分數寫到記分冊裡面，這又讓他產生了一種自豪感和尊嚴感。

自始至終，我們都要讓孩子看到自己獲得的進步，這是非常重要的一點。任何一天，都不要讓學生費了力氣卻看不到成果。

師生之間要想建立友誼，需要付出極大的勞動，花費許多的精力。有的人覺得，師生之間要建立友誼是一件很簡單的事情，只要帶著學生去參觀、去旅行，跟他們一起坐在火堆旁邊烤馬鈴薯，跟他們一起分享快樂就足夠了（順便說一句，有人覺得學習也是一件令人快樂的事情）。上述觀點都是非常錯誤的。建立與學生的友誼，需要用我們的智慧、我們的思考、我們的信念、我們的力量、我們的情操去鼓勵兒童的思想和情感。在建立師生之間這種友誼之前，老師一定要擁具一筆龐大而又豐富的精神財富。缺少了這種精神上的豐富性，友誼就會成為一種庸俗的親暱關係，而這對於教育來說則會成為一件危險的事情。

第十六節　如何教導對學習感到困難的孩子

　　正如醫生需要認真研究患者的身體，找到疾病的源頭，以便展開治療一樣，老師也需要反覆思考、認真仔細的研究兒童在智力、情感、道德等多個方面的發展情況，找到孩子為什麼會對學習有畏難情緒的原因，然後採取一些可以照顧個人特點以及個別困難的措施來教育學生。而且，老師手裡還掌握著另外一種方法：他能夠對讓孩子感到學習困難的原因進行有效預防。當然，這不但需要老師一個人的努力，也許要靠社會各界提供幫助。

　　醫生的第一個身分是人道主義者。但是假如他居然對病人這樣說：你得的病已經無法治好了。你沒有任何的希望了……那麼他還能算是一個真正的堅持人道主義的醫生嗎？如果醫生變成這個樣子，那麼他在醫院裡一天都無法待下去！可是在我們這些當老師的人中間，不就有那麼一些人，每天都讓孩子產生一種感覺，有時甚至會直接對孩子們說，他就是一個沒有任何希望的人嗎？這是無法容忍的。我們一定要愛護自己職業的神聖榮譽，高高舉起人道主義這面旗幟：醫生可以長時間的治療一個病人。他或許比老師有更多的理由去得出令人悲觀的結論，可是他相信科學的偉大力量，相信病人自身的精神力量。教育學所堅持的人道主義精神是這

樣的，假如一件事情對絕大多數孩子而言是完全可以做到，但偏偏對某個孩子而言卻是無法做到的，那麼我們就不要讓這個孩子覺得自己是個資質和能力都不夠格的人，我們要讓他感受到一種屬於人類的最高的快樂——認知的快樂、智力勞動的快樂、創造的快樂。在工作中堅持人道主義的最高境界就意味著我們一定要憑藉自己對於自然力的深刻領悟，來克服那些甚至已經成為天然注定的無法克服的困難。為了讓自己變成一個合格的教育從業者，我們一定要深入研究與學生心理及其精神世界相關的自然、生理方面的知識，要研究發生在孩子頭腦中各式各樣的思想活動過程，及這種活動對於周圍環境中存在的多種因素的依賴性。

　　長期的教育工作實踐，對兒童腦力勞動及精神世界所進行的研究——這一切都讓我堅信：孩子對學習感到困難，成績不及格，功課落後於其他人，絕大多數情況下都是因為孩子在童年的早期所接受的教育與他生活的環境條件不夠好。對學齡前和學齡初期的孩子來說，他們的家長和老師接觸的都是自然界中一切事物中最精細、最敏感、最纖弱的一種東西——即兒童的大腦。假如兒童覺得學習有困難，假如其他人都可以接受的事物他卻無法接受，那就意味著他在童年階段沒能從身邊的人那裡得到對於他自身發展來說應該得到的東西。兒童就是在這樣一個年齡階段——從一歲到七、八

歲 —— 開始變得頭腦愚鈍的。假如教育者此時仍然沒有發現、沒有明白這一點，沒有探查清楚兒童偏離正常的智力發展的原因，那麼兒童以後在智力生活中所遇到的困難還會變得更加嚴重。而假如這些原因與根源透過調查、研究之後被探查清楚了，那麼我們就能夠動用教育這種強大的力量 —— 像對病人展開治療一樣，以同樣嚴格的科學原理為基礎，對孩子們進行有目的的教育。

作為老師，我們應該記住：對每一個在學習上感到困難的孩子來說，不管他已經被耽誤到了何種程度，我們都應該讓他在公民的、勞動的、精神的生活道路上站穩腳根。老師之所以崇高，就在於他們的使命是讓每一個學生擁有選擇一條生活道路和一種專業的權利，這種選擇不僅能夠為他提供一塊可以飽腹的麵包，而且能夠為他的生活帶來快樂，帶來一種自尊的感覺。

年復一年，在培養一個人的道德面貌、精神面貌和公民品格等方面，智育所發揮的作用變得越來越重要了。絕不允許出現的這樣的情況 —— 在學校裡總有這樣一些學生，他們覺得自己學得不好，做什麼都不成。這不但對他們的道德造成了創傷，而且也會成為一個直接原因，總會導致某些地區的一定數量的孩子從學校離開，步入社會後又離開了從事生產工作的單位，這就為一群令全社會不安的、在馬路上終

日遊蕩的人出現創造了有利的條件。很多未成年人和年輕人之所以會出現違法犯罪行為，最重要的原因之一就是因為其中一部分人覺得自己在智力方面要比別人低一等，並因此而讓自己的內心飽受痛苦折磨。假如再有家庭環境不順利等因素，那麼這些在學習上感到困難的學生在道德方面出現問題的危險可能就變得更大了。我特別想要強調指出的一點是：對所有的老師而言，一定要樹立這樣一種觀念，那就是學習方面感到困難的學生，他首先是能夠透過教育來改變的，我們一定要讓學習變成學生們樹立崇高自尊感的最佳途徑。

老師應該明確這樣一種觀點：不論我們的學生 —— 在學習方面感到非常困難的學生，日後會變成什麼樣的人 —— 是學者還是工程師，是哲學思想家還是工人、農民，他首先都應該成為一個合格的社會公民，他擁有享受幸福人生的權利。但如果離開了創造性的勞動，不懂得思考，缺少相關的知識，那麼幸福的人生對他來說就是不可企及的。從不知道到知道的是一條非常複雜的道路，每個孩子都是按照自己的方式來走過這條道路的。對這樣一個孩子來說，這條道路上並不會遇到多少困難，但對另外一個孩子來說卻需要老師們一再協助他，不然的話他就無法克服自己所遇到的困難。但是不管一個孩子覺得多麼困難，他都應該學會獨立思考。要讓書籍變成這個學生快樂的源頭。語言應該深入這個學生的

精神世界，變成屬於他個人的財富。

那些對學習感到困難的孩子，他們的理解能力較差、頭腦比較遲鈍，最常見的表現就是他們缺少求知欲與刻苦鑽研的精神。老師們經常會覺得不明所以甚至感到驚詫，有些孩子竟然笨得出奇：答案明明就在面前，只要看一眼，用思維的鏈條將兩樣東西連結起來，馬上就可以弄明白，可是他們卻什麼都看不到。不過恰恰是這些對學習感到困難的孩子，他們在智力發展過程中展現出來的這個特點 —— 求知欲遲鈍、對身邊的一切事物熟視無睹，其中隱藏著一條有用的線索，它可以幫助經驗豐富的老師抓住癥結，找到幫助這些孩子在智力方面進步的正確方法。

一個人所應該具備的東西，是在他出生之後，依靠人與人之間的關係、人與社會之間的關係在自己身上逐漸確立並形成的 —— 每一位老師、每一位家長都應該牢牢記住這個重要的真理。為什麼有的學生在把應用題的條件讀到最後時，就忘掉了開頭的條件？為什麼他在自己的意識中無法將果樹、蘋果、籃子這三種東西連結到一起？或許是大自然在進行分配時遺忘了這個學生，或許，他的大腦生來就與其他人不相同？為什麼這個學生在學習的時候就那麼吃力呢？

這是由於他在童年時期所生活的那種環境，沒有將他在這個階段應得的所有東西都提供給他。一個人的思維都是從

疑問（提出「為什麼？」這樣的問題）開始的。兒童處於一歲半到兩歲期間，能夠發現在身邊存在著很多有意思的現象，但此時他已經不是簡單的去感知這些現象，而是開始用正常人的眼光來看待這些現象了。當他看見蜜蜂飛向正開著花的蘋果樹，先是落到白色的花瓣上，後來又飛走的時候，兒童就會覺得奇怪：蜜蜂飛到哪裡去了？為什麼呢？有一種鳥兒是在樹上用樹枝搭了一個窩，而另一種鳥兒卻是在屋簷下面銜泥築巢。這又是為什麼呢？等等。這些無法遏制的人類的好奇心與求知的渴望，在大自然的各種奧祕前面（另外，請注意，尤其是在周圍世界各種美好的東西面前）的驚異和讚嘆──所有這些都並非與生俱來的，而是從別人那裡得來的。這正是人與人之間的關係，人與社會之間的關係等對於人的正常發展非常重要的因素不可或缺的緣故。假如兒童看見一隻黃蜂進入了牆上的小洞，他就會驚奇的問道：為什麼牠會鑽進去？牠會鑽到哪裡去？他之所以會感到驚奇，並不是由於他天生就對此感到好奇，而是由於爸爸、媽媽和身邊的人已經讓他學會了對身邊事物感到驚奇，讓他學會了如何發問。在孩子身邊的人也許都沒有留意，他們的好奇心正在不斷的覺醒。孩子產生好奇心的根源，正是由於成年人不斷的將事物、物品、現象等展示在他們的面前。成年人展示給孩子的事物、物品和現象越多，他們所產生的疑問也會越來

越多，並因此感到更為驚奇和興奮。在孩子的內心和下意識中，也會對美感到驚奇並發出讚嘆，會對人類的智慧與雙手的技巧發出由衷的嘆賞。所有這一切都可以被視為人類思維的一面稜鏡，來自周圍世界的所有資訊都是透過這面稜鏡折射過來的。兒童能夠在認識事物的時候獲得屬於自己的發現，但他並非「順其自然」的獲得這種發現的。不對，真正令他獲得發現的，其實是人類幾千年來思想積澱產生的精華。在學校裡工作了三十多年所累積的經驗讓我相信，對小學階段的兒童進行教育，首先就是要教會他們如何觀察和發現這個世界。請大家仔細觀察和分析一下學校一到四年級的各項教學工作：孩子們透過自己一個人的努力找到並發現了哪些東西？讓年幼孩子的思維得到發展，首先就是要培養他發現和觀察的能力，就是透過在視覺上對周圍的世界進行感知來使自己的思想變得更加豐富。教育者最基本的工作就是讓孩子去覺察各種事物與現象中存在最細微的差別與變化，對各式各樣的因果關聯進行思考。進入學校學習的那些機靈聰慧的孩子，通常都是在這樣的家庭長大的，即父母已經讓孩子掌握了他所能夠看到的極其細微的色彩與色調、運動與變化、各種事物與現象之間的相互依存性及關係。最積極和最有效率的學習，正是在兒童因為看到什麼新的、不理解的東西而覺得驚奇的時候進行的。

開始進行智力訓練的時間距離孩子出生的時間越長，那麼就越不容易教育好這個孩子 —— 對於這一點，令人感到惋惜的是有些老師已經忘記了，有的家長甚至根本就不明白。一直到今天，還有這樣一種錯誤的觀點在孩子家長之中流行：在孩子入學之前，還是讓他們的頭腦像一塊乾乾淨淨的白板吧，不要讓孩子去學哪怕一個字母，也不要去教孩子怎樣讀書，這樣等到入學之後學習的效果才會更好。在處於學齡初期的孩子身上，有一個特別危險的與學前教育有關的毛病，就是他所生活的環境對於他的認知欲沒有任何的促進作用。沒有認知欲其實就是智育的缺失。在我的設想中，能夠做到這一點就已經很不錯了：每個小學老師都能夠設計出一套在幾年時間內都可以發揮作用的智育教學大綱。在這個大綱裡，包括如下具體規定：兒童應該從周圍的世界中看到和發現哪些因果關聯，兒童在認知欲一天天增強的過程中應該度過哪些不同階段。對學前教育機構來說，這樣一個教學大綱是特別需要的。如果孩子在某個地方不能做到每天都可以發現身邊的各種不同的現象之間存在著因果關聯，那麼他的好奇心和求知欲便會逐漸熄滅。

還有一些情況要比上面說的更糟糕，就是孩子與別人進行正常接觸和交流的環境被剝奪了。一個叫彼嘉的孩子就有這樣的遭遇。他的爸爸和媽媽都要工作，而且工作的地方離

家非常遠，因此只能讓奶奶來帶孩子。奶奶的耳朵有毛病，後來乾脆就聾了。彼嘉每天都被關在家裡，不能與其他孩子接觸。就這樣等到他五歲的時候，還不知道遊戲是什麼。通常三、四歲孩子就能明白的事情，他卻不明白。更令人感到驚訝的是，彼嘉已經六歲了，但數數的時候還不能數到五。此外還有一些孩子之所以覺得學習是一件困難的事情，是由另外一些原因導致的，比如有的孩子是因為小的時候得過傳染病，有的孩子父母患有酒精中毒症等。

遇到這種情況，最重要的就是要讓跟彼嘉類似的孩子能夠遇到一位經驗豐富的、了解兒童內心世界的老師。

對孩子來說，在上小學的幾年時間，如果能夠遇到一位聰明的、經驗豐富的老師，那麼無異於進入了一所讓自己思維受到專業訓練的學校。老師經常會帶著孩子們深入大自然——到樹林去、到田野中去、到小河岸邊去。他們還會去工廠的廠房，去實驗室，去小型加工廠。在這樣一些地方，但凡是一個充滿好奇心、熱衷於鑽研的人，都會隨時隨地發出各種疑問：是什麼？為什麼？怎麼樣？老師會向孩子們接解釋神祕的自然現象，幫助孩子們發現並找出因果關聯，喚醒他們那懵懂無知的大腦。這是一項需要長期堅持並且耐心對待的工作。這項針對在學習上感到有困難的孩子所展開的教育工作，目的就在於讓他在周圍世界遇到的事物、物品和

現象之後，經過思維與情感的稜鏡的折射，能夠成為一種讓孩子那昏昏沉沉的大腦徹底清醒過來的具有刺激性的東西。當我帶領一群對學習感到困難的孩子深入自然界或是到勞動場所參觀時，我一直都注意一件事，即讓孩子們對周圍世界中的事物、物品和現象的感覺和認知帶上某種鮮明的感情色彩。這就是一門「思維課」，在上這門課時，我會盡最大的努力喚起孩子腦海中那種驚奇、讚嘆的情感。

對那些智力發展受到阻礙的孩子來說，這門課就像我們所呼吸的空氣一樣屬於必需品。在面向全體學生上基礎課程的同時，還要為學習困難的孩子安排這樣一些特別活動。這些活動按照兒童智力發展落後於其他人的程度以及所得到的結果的不同，往往需要進行兩到三年的時間。這裡需要再次進行說明：這項工作並不是馬上就能夠看到成果的。有可能上了一百節課之後，看上去仍然沒有任何結果，但等到上完第一百零一節課之後，你就能發現孩子眼睛裡閃爍著好奇心誕生之後的第一縷火花。

此處所說的能夠被發現的、在某種意義上被認為可以進行量化的成果，並非指兒童掌握了多大的知識量，它首先指的是好奇心、熱衷於鑽研的那種精神，以及發現自己不了解的事物的能力，找出自己特別感興趣的問題的答案的能力，再就是越來越強烈的認知欲望。

　　有的老師和學校的領導者覺得，要想將那些對學習有困難的孩子「拉上來」，就必須強迫他們掌握某種教材。這樣的觀點大錯而特錯。有時，事情之所以會搞得一團糟，其原因恰恰在於老師走上了這樣一條錯誤的道路。千萬不要逼著孩子長時間的去死讀書本，而是應該培養他們的智慧，發展他們的大腦，教會他觀察這個世界，最終實現讓他們的智力得到增長的目的 —— 這一點是老師和學校的校長永遠都不應該忘記的。

　　還有一點我們需要談一談：當學習有困難的孩子與能力較為突出的孩子同時上課學習時，老師需要對前者表示出特別的關心和超乎尋常的耐心。不要讓自己的任何一句話、任何一個手勢讓這些孩子感到老師已經對他失去了信心。不論上哪一堂課，每個在學習上有困難的孩子都應該在認知的道路上邁出自己哪怕很小的一步，而且都要獲得哪怕一點點的成績。在幾個星期的時間內，甚至在幾個月的時間內，讓學習有困難的孩子完成的作業與班上大部分同學完成的作業難度不一樣，即使如此，你也不要害怕。你就讓他去做這些特意為他準備的作業吧，而且要認真評價他的作業。希望你步步為營，循序漸進，堅持不懈，同時還要保持高度的耐性 —— 對學習有困難的孩子遲遲無法開竅的情況予以容忍，那麼，那個可以被稱為「豁然開朗」的時刻就一定會到來。

第十七節　一個「落後學生」的「思維覺醒」

　　我始終忘不了一個名叫巴甫里克的學生。對於像他那樣的學生，有些老師抱著一種善意的同情，另一些老師則是一副漠不關心的態度，但他們的看法都很一致：「看上去，這個孩子還不具備掌握知識的能力。」我還記得，在剛剛入學時，巴甫里克還是一個非常活潑好動、對一切充滿了好奇心的孩子，但是沒過多久，他就變成了一個沉默少言，過分遵守紀律、過於聽話、過於膽小的學生了。

　　在開學之後最開始的幾個星期之內，巴甫里克就有這樣一種感覺，他與其他的孩子有些不一樣：一年級的同學可以很輕鬆的把一個個單獨的字母拼成音節並且讀出來，但他不知道自己為什麼需要花費很大的力氣才能將這個字母與另外一個字母區分開來；一首描寫美麗冬天的小詩，其他的同學只要用心聽上兩、三遍就可以背誦，但是他不管用什麼方法都記不住。女老師為了他一個人特意將那首小詩連續讀了很多遍，他也非常用心的去記憶，並竭盡全力去回憶那些詩句，可是……仍然是白費力氣。

　　女老師生氣的說：「你為什麼不能好好的學？如果一直這樣的話，每天放學之後我得幫你補多少課才夠啊？」這個孩

子全身瑟瑟發抖，一臉愁容的在那裡站著。

　　在校務委員會開會的時候，女老師在對自己所教的班級進行介紹時，對巴甫里克同學做出了這樣的鑑定 —— 一個思維遲鈍的孩子。這位女老師說：「對於圖畫和自然現象，他的態度非常消極。很少去進行思考、比較和對比。對於他，需要一遍又一遍的教。一道應用題，或者一個最基本的依存關係，他需要比其他孩子多兩到三倍的時間去思考。」女老師覺得，既然巴甫里克是一個思維遲鈍的孩子，那麼他就需要花更多的時間去學習。女老師不僅盡力在學校裡為巴甫里克補課，同時也向巴甫里克的媽媽提出了相同的建議。

　　有好幾次，我曾經有機會帶著孩子們到樹林和田野中去。每次一到這樣的地方，巴甫里克就跟在教室上課時完全不一樣了。這個被老師稱為「思維遲鈍」的孩子，向我和他的同學講述了他在觀察動物和植物過程中發生的很多有趣的事情。在他講述的時候，讓我感到非常驚異的是，這個孩子身上具有能夠察覺事物與現象之間不易被發現的關聯，而其他人則不具備這種能力。這件事發生後，我對女老師說：「妳說得不對，巴甫里克不會一直這樣在學習上處於落後狀態，我們不能用那些普通的音節和應用題來束縛這個孩子的智慧。」可是，這位女老師恰好是教師團隊裡面為數不多的那一類，這類人總抱著這樣一種觀點：學生在教材面前坐得時間越長，

他的頭腦會越來越聰明。就這樣，巴甫里克對著教科書冥思苦思的做法一直持續了下去。一個月接著一個月過去了，一個學期接著一個學期過去了，女老師盡自己最大的努力想要把巴甫里克「拉到」那個代表著萬事大吉的救命的分數線上來。巴甫里克為此吃了很多的苦頭。他甚至連參加課外活動的時間都沒有。就算他只是和同學們一起玩上個把小時的時間，女老師也會認為他是在偷懶，不願意努力學習。而且從整體說來，這位女老師原本就覺得學生參加課外小組的活動，就是透過一點什麼事情來填充學生閒置時間的一種方式罷了。那麼，既然她堅決認為巴甫里克絕對不可能也不應該有閒暇時間，還談什麼讓他參加課外活動小組呢？這位老師說：「再說了，那些讓其他孩子感到非常有趣的事情，對巴甫里克來說，也沒有什麼意思。」為了驗證自己的這種看法，女老師講述了下面的這件事：「有一次，我帶著全班同學去生物室參觀。在那裡，孩子看到那麼多新鮮的、有意思的事物。大家都非常高興，不停的問這問那，很多學生甚至馬上就想動手操作。但是巴甫里克呢，他一聲不響的站在那裡，心不在焉的望向遠處的某個地方。他在那裡覺得枯燥無味。他的手沒有觸摸任何東西，這說明他對一切都沒有興趣。」

但是我的心裡卻是這樣想的：「這個孩子在接觸大自然的時候有著那麼細膩的觀察力，難道要從這方面來對他進行評

價嗎？不，這位女老師又一次看錯了！」

放學之後，我來到了生物室門前，這時發現有人正在向裡面張望。原來就是巴甫里克這個孩子！

「你在這裡做什麼呢？到裡面來吧，讓我們一起看看。」

他進入了生物室。從這個孩子觀察那些讓他感到新奇的現象時的情況來看，以及在我和他一起走在回家的路上聽他對我說的那些十分激動的話語來判斷，我終於弄清楚了女老師到底為什麼總是說巴甫里克心不在焉。那一次，當巴甫里克跟大家一起參觀生物室時，在他面前出現了一個全新的從未接觸過的世界。他覺得那些植物似曾相識，可是，每種植物卻又都有一些新的令他感到不尋常的地方，比如說番茄的莖不是豎直生長的，而是像葡萄的藤一樣彎曲盤旋，結出的果實也是垂下來的一串一串；洋蔥長大以後像西瓜一樣；還有黃瓜 —— 那才是真正的大黃瓜，卻不知為何長到了瓶子裡面！巴甫里克睜大自己的雙眼，心裡想著：所有這些都是怎麼弄出來的呢？他內心的想像已經不再局限於這裡，不是那座被陽光照射的溫室，而是位於學校裡的室外的園地上面，巴甫里克在心裡描繪著一幅如同奇蹟一樣的圖畫：如果能夠在學校的園子裡種上十棵這個品種的番茄，並且讓它們排成一排，也像葡萄一樣長出是一串一串的果實，那該多好啊！但是，他的算術在考試的時候總是不及格，他有資格去想像

這些令自己覺得有趣的事情嗎？這樣想像出來的場景又怎能讓他說出口呢……

在我展開類似這些觀察時，女老師還是一分鐘也不讓這孩子從她的視線離開，她依然覺得巴甫里克要想獲得智力上的發展，就只能夠透過讀好教科書這一個方法。說來也讓人覺得奇怪，假如這位女老師沒有對巴甫里克表示如此的關心，假如她可以放手讓巴甫里克在發展階段能夠受到學校那種猛烈的生活潮流的影響，或許還能好一點：那麼這孩子也不至於發展成如此片面和畸形的地步。很多學校中還有這樣一批老師，他們非常善良，對學生充滿了愛護之情，他們會讓學生盡量的去研究書本上的知識，但是他們這種關心最終的結果卻是把事情弄砸了。

巴甫里克非常艱難的完成了小學四年級的學業。在他升入五年級時，女老師提出了很多的附加條件。她提前向五年級所有科目的老師遞交了一份巴甫里克的教育鑑定報告，同時遞交的還包括一份由巴甫里克經常容易犯的語法錯誤彙集而成的表格，還有一份今後需要讓他經常練習的運演算法則。

進入五年級以後最初幾週的學習生活中，學生們讀教科書的時間變得更長，也更讓人感到疲憊了。請巴甫里克的媽媽來談話的老師前前後後共有八位之多。不過，就在這時，

巴甫里克的學習生活也有了一些新的變化：很多學科在上課的時候已經不再像以前那樣只需要讓學生認真聽講並記住，而是需要讓他們動手去做一些事。這樣的課程讓巴甫里克感到了快樂。最讓他感興趣的是植物課。教植物學的老師非常擅長課堂教學，他不但要求學生們像平時所說的那樣全面掌握教材上的知識，而且還要求他們自己主動去獲得知識。老師要求每個學生都自己縫製一個布口袋，然後再做幾個紙袋，以便在裡面裝上各種不同的「生物原料」，以便在上課的時候使用。同學們從布袋裡掏出來的東西，包括各式各樣的樹枝、樹葉、樹根、草莖、花朵和種子。所有這一切，老師都要求學生們拿著放大鏡仔細看，認真進行比較，最後再畫到紙上。

直到此時，所有老師才頭一次聽到這樣一個消息，那個巴甫里克竟然是一個十分聰明並且好學的學生，而他的才華——用自然學科老師的話說，「是透過手指尖展現出來的」。有位老師在校務委員會召開會議時說道：「這個五年級學生能夠做到的事情，即使是一名經驗豐富的園丁也很難能夠成功做到。」接下來就是他為大家所做的情況介紹。

在一堂植物課上，同學們都在學著用各式各樣的方法講果樹嫁接到野生的砧木上。老師發現巴甫里克是那麼細心的（用園藝家的話來說就是精確的）把砧木的樹皮切開，讓幼芽

與插條相分離。「這才是真正的技術」，老師一面觀察著這個孩子的工作，一邊在心裡想著。巴甫里克從一棵珍貴品種的蘋果樹上剪下來一根帶著兩個幼芽的枝條，然後對它認真的觀察起來。

「你看它做什麼？」老師問。

「是否可以不透過嫁接就培育出優良的樹苗呢？」巴甫里克反過來向老師問道。「比如說，可不可以剪下一根樹枝，把它插進土壤中，精心的照顧它，讓它存活呢？」

「最讓我感到驚異的是這個孩子對我說話時的那種口吻，」這位老師後來在回憶當時的情景時說道，「這種口吻讓人覺得，巴甫里克對自己提出的問題已經進行了深入的思考，甚至已經進行了試驗。我非常清楚，要想讓剪下來的樹枝尤其是蘋果樹的樹枝生根是一件極為困難的事情，只有非常厲害的高手才能做到。於是，我便回答道：『理論上是可以的，但是很難，只有米丘林（Michurin）這樣擁有豐富經驗的園藝家才可以做到。』」

「我能試一下嗎？」這個孩子問道，他的眼睛裡忽閃著一種快樂的火花。

放學之後，老師帶著巴甫里克來到了溫室，詳細的向他講解，應該如何準備並展開這一場有意思的試驗。

對巴甫里克而言，真正的幸福時光才正式開始。他用塑膠和玻璃搭建了一個很小的溫室，在裡面種上了幾根剛剪下來的蘋果樹的樹枝。每天，他都會用溫水來替它們澆水，並注意讓溫室長期保持恆定的溫度和溼度。最後有一半左右的樹枝都存活了：樹枝上的芽苞綻放，變成了亮油油的小葉子，細細的嫩枝開始長大。可是，老師發現，巴甫里克似乎還有什麼感到不滿意的地方。

「那些最終活下來的樹枝，都是我從樹的頂部剪下來的，」孩子對老師說，「而那些最終沒能活下來的樹枝，都是從樹的中部和下部剪下來的。如果這樣的話，就應該從樹的頂部來剪取樹枝。這樣就能夠培育出很多樹苗了……」「當我聽到巴甫里克說的這些話時，我的內心真是激動萬分，」那位生物老師後來說道，「我確信，他是一個真正的實驗家，未來會成為一名學者，一名天才的園藝家！他並不想只是單純的實現自己預定的目標，而是不斷探索、深入研究自然界裡的各種現象，當然，他所用的方法是自己想出來的，還帶著一點幼稚的氣息。」

關於巴甫里克進行試驗的消息很快就在全校都傳遍了。很多孩子都希望採用同樣的方法來培育種苗，但最後獲得成功的卻只有三個人，而且其中兩個是女孩子。至於生物老師自己，根據他自己承認，就連一棵樹苗都沒有培育出來。經

過這件事情之後，巴甫里克開始發生了重大的「轉變」。對很多老師而言，這件事為他們帶來了極為深刻的啟示，它逼迫著老師們去認認真真的思索教學與教育方面那些尖銳的、令人激動難安的問題。我們慢慢的發現，巴甫里克身上原來那種害怕、拘束、猶豫的表現逐漸消失了。此刻，當他在課堂上站起來回答老師的提問時，他不再努力回憶教科書中某處某處是怎麼寫的，而是將自己的思考過程說出來，從自己見到和觀察到的東西中得出一個結論。巴甫里克此時總是帶著非常強烈的求知欲來聽老師講課，這也令一些老師覺得非常意外。巴甫里克對於自己所學的教材掌握得越來越透澈，他頭腦中所產生的各式各樣的問題也就越來越多。老師們幾乎沒有充足的時間來回答他所提出的所有問題。一些老師甚至產生了不滿的情緒。那是因為在巴甫里克所提出的問題中間，經常會流露出一種對老師所講不那麼信任的語氣。但是，假如認真的想想這個孩子所提出的那些問題，老師就不難明白其中的意思：在兒童的思維中如果對某種事物採取批判態度，那這也正好表示他擁有一種想要真正弄明白並深信某種真理的正確性的願望。

　　老師們將巴甫里克發展過程中的這種變化命名為「思維的覺醒」。在這方面，一個最為明確的表現就是，知識的最初的起源（客觀存在的實際、實踐活動以及人們的生活）得

到了細膩觀察、驗證和分析研究。在某些課上，一旦理論性的概括與現實生活中各種事物與現象之間的關聯變得較為複雜和不太明顯的時候，這個孩子的思想的「覺醒」就會變得慢一些。可是，當需要學的公式、概念、法則越來越難以理解時，巴甫里克便會採用更為強大的意志去付出努力，力求在他此前經常遇到困難並退縮的地方贏得勝利。

毋庸置疑，巴甫里克在思維上的覺醒、在智力方面的迅猛提升、以及對於知識的興趣的增強──所有這一切都與那位植物學老師的努力是分不開的，巴甫里克進行創造性勞動的天賦被成功的開發出來，正是這位老師的特長。巴甫里克自己也明白並且產生了這樣一種感覺：植物栽培是一個自己能夠在其中展現自己能力的領域，可以看出來，他正在盡最大努力來彌補以前荒廢的東西。在溫室中和生物室中又有幾個工作角落出現，巴甫里克在這些地方試驗了一些有趣的東西。這個孩子在一塊面積大約 10 平方公尺的土地上撒下了幾棵不同種類的野生果樹的種子，並且使其長成了野生果樹的樹苗，然後他又將人工栽培的果樹樹枝嫁接到了每種不同的野生果樹上面。在這裡，巴甫里克還用無性繁殖法培育了一些只有在溫室裡才能長出來的樹苗。不管他的勞動最終會得到何種結果，巴甫里克一直在進行著試驗和研究：他又將好幾種果樹嫁接到了插條上，並觀察每一種果樹都是如何發

育的以及它們互相之間會產生什麼影響；他還配製出很多種不同的土壤的混合物，透過實驗來觀察它們對植物發育產生的不同影響；他將一棵樹移植了好幾次，以便讓它的根系得以充分生長。此後，巴甫里克又慢慢迷上了培育糧食作物的試驗。

　　幾年的時間過去了，巴甫里克在栽培植物方面所進行的勞動已經變成了一種真正意義上的創造性互動。他將人工培育出來的李子樹、桃樹、檸檬樹嫁接到了野生的刺花李樹、梨樹和蘋果樹上面，成功的得到了這些果樹的抗寒品種，這些品種的果樹最寶貴的特性就是開花期稍晚一些，能夠避開霜凍對於植物的威脅。在國中快要畢業時，巴甫里克還掌握了在土壤裡添加農家肥料與礦物肥料混合物的科學方法，透過這種方法改良的土壤，可以讓進入衰老期和即將死掉的果樹重新恢復生機並再次結出果實，能使果樹因暴風受到的傷害得到治癒，而且能夠讓汁液在受到凍害的樹枝裡加速流動。他靠著自己的雙手將一小塊由於黏土含量極高而無法種植的土地變成了肥沃的土壤，在那塊地裡種植小麥，最後的收成是大塊田地的十倍。

　　在學習上，巴甫里克的成績也一年比一年好。已經長成一個年輕人的他，在知識的掌握上是非常牢固的，對於知識的理解也是非常透澈的。在他身上有一樣極為突出的優點，

就是總想著將直接學過的知識在之後的學習中繼續加以運用，並且讓它們變成腦力勞動中占有重要地位的一部分。從中學畢業之後，巴甫里克考入了一所農業學院，後來又成了一位農藝師，如今他已經在一個國營農場裡成功的工作了好幾年。

第十八節　談談老師的教育素養

　　教育素養是由哪些因素組成的呢？首先是老師應該有深刻的知識 —— 在自己所教的學科。我們覺得有一點是非常重要的：既然老師在學校所教的是科學方面的基礎學科，那麼他就應該能夠把這門科學中的最繁瑣的問題區分明白，並且能夠區分明白那些處於尖端的、與科學思想相關的問題。假如你是教物理的老師，那麼你對於基本粒子就應該有一定的了解，知道一點場論，能夠簡略的構想出未來能源的發展能達到什麼樣的程度。假如你是教生物的老師，那麼則需要了解遺傳學現狀和歷史的發展情況，熟知生命起源的種種理論，了解細胞內部產生的生化過程。然後從此開始建立起一定的教育素養。也許有人會反駁說：為什麼老師要知道那些並不會在課堂上學習的東西，還有那些和中學所學的教科書

沒有直接關聯的東西呢？這是由於：對於老師而言，學校教學大綱上面所講的知識，應該只是起碼的常識，這是相對於他的知識視野來說的。只有當老師自身的知識視野遠遠超過學校教學大綱的時候，老師才可以成為教育過程中真正意義上的能手、詩人和藝術家。

　　這樣的教育能手我就認識幾十位。從備課就可以看得出他們的教育素養。他們不是根據教科書來備課的，而是根據教學大綱來備課。他們在認真思考完教學大綱之後，就將教材與其相關聯的章節讀一遍。他們如此做的目的就是為了將自己置身於學生的位置，用學生的眼光來看教科書。真正的教育能手所懂得的東西，要遠遠多於在學校學習的東西，所以他不需要將要講的新教材寫在課時計畫裡面。他的課時計畫裡面並不會寫上要敘述（或講解、演講）的內容，而僅僅是寫了一些必要的關於課堂教育過程的細節的簡短的紀事，目的是指導學生的腦力勞動。教育工作的能手對在課堂上自己所教的那門科學的基本知識有十分透澈的了解，以至於在學習教材的過程中，在課堂上，他的注意力所集中的地方並不是所學教材內容的本身，而是學生的思維，學生的腦力勞動，還有就是在腦力勞動中學生所碰到的困難。請你注意觀察一下那些老師的工作情形吧，就是那些只知道教給學生必須要學的那一部分知識的老師。他認真的依照教材準備好將

要講解的東西，甚至把要講解的邏輯順序和內容都記住。你就會發現：那些應當在講解新教科書時應用的說明性的材料和直觀教具（如在生物、地理、歷史課上所需要使用的那些文藝作品裡面的形象），似乎是人為的附帶在教科書的內容上，這些內容全部從學生思想的表面滑過去（有時候老師甚至忘記運用他已經準備和篩選好的東西）。為什麼會得到這樣的結果呢？這是由於，老師只是將自己的全部注意力集中在了教材的內容上，而不是只注意教育過程中的各式各樣的細節。如果老師將自己的全部注意力都集中在這一方面，然後使足自身的全部力氣回想講解的過程，那麼這樣的講解要讓學生完全領會是非常不容易的，因為在老師的語言和講解裡面沒有帶著任何的情感。假如老師必須使足自身所有的力氣來回想教材內容，那就會導致他的講解缺少感情，那麼兒童就會變得沒有興趣，而在不感興趣的地方，學生也就不會用心去識記了。這是老師教育素養的一個十分重要而且十分微妙的特性：老師越是可以自如的掌握使用教科書，那麼他的講解就越是能夠帶有豐富而鮮明的感情，而學生在上課之後用在讀教材上面的時間也就會越少。具有真正豐富感情的老師一定是真正的教育能手。那種對教科書知識了解得非常膚淺的老師，通常只會在課堂上誇誇其談、虛張聲勢，並妄圖透過這樣做來影響並加深學生的意識，然而這麼做的結果

卻是十分可悲的：虛張聲勢只會讓人願意講漂亮的話語，並且空話連篇，所有這一切都會把學生的靈魂腐化掉，讓他們內心感到非常的空虛。

　　當信念的形成問題被人們談論時，我們往往會聽到一些這樣的談論：信念不是教科書的知識，有知識並不代表著有信念。如果就這樣把兩者對立起來，那麼是毫無道理可言的。所謂真正的有知識，就是對知識進行多次反覆思考，然後對知識有了深入的理解；如果學生夠讓這些知識變成自己主觀世界的一部分，最終變成他自身的觀點，那麼這就代表著知識已經變成了他的一種信念。那麼，在什麼條件下學生個人的精神世界才可以被知識觸動，才可以變成讓一個人所珍惜的道德財富與智力財富呢？只有在這樣的條件下 —— 用形象一點的話來講，那就是要讓知識在有情感的血液裡、在活的身體裡流淌。假如老師在講課中沒有帶著一種由衷的、真正的感情，假如他對教科書的掌握程度僅僅能為學生提供一點點體驗、讓他了解一點點東西，那麼就會導致學生的心靈對於知識的觸感是愚鈍的，而精神生活的地方如果沒有心靈的參與，也就沒有任何信念。因此我們還是能夠得出同樣的結論：教育素養的基本要素之一，就是老師對教科書有著深入的理解。

　　老師在講課時可以直達學生的心靈和理智，這是教育素

養的一個重要特徵和一個重要象徵。在擁有這種真正的寶貴財富的老師那裡，講解教科書猶如對攀談的對方（學生）發表談論。老師是在跟少年和年輕男女娓娓談心，而並非是在宣講真理：老師會提出問題，然後會對這些問題進行思考，而且邀請學生們跟自己一起思考。在解析這樣的課程時，大家會覺得：建立了一種密切的交流關係是在老師和學生之間。老師的思想潮流也會把作為校長的你的思想帶走，此時你會忘掉你是來查看老師工作的，你會覺得自己似乎也成為了學生，你和一群十五歲的少年一起欣喜若狂，只是因為發現了真理，而對老師所提出的問題，你也在自己心裡進行回答。有一件有趣的事情——這件事發生在我們州的一所學校裡：年輕的校長去聽一位經驗豐富的老師講幾何課，老師的講解完全把他的心思給迷住了，甚至當老師向同學們問「你們有誰可以回答這個問題？」的時候，這位去聽課的校長居然舉起自己的手說：「我！」因此，真正的教育技巧應該是這樣的。這就是我們所講的那種能夠直接訴諸兒童的心靈和理智的境地，只有老師具有深刻的知識，才能達到這種境地，獲得這種結果。老師的知識只有這樣深刻，以至於處在他注意力中心的是兒童的腦力勞動，而非是教材內容。

　　然而，在另外一種課堂上，你可以發現老師和學生們之間並沒有任何的交流，老師只是一頭鑽進自己的課時計畫

中，而學生只是在看著外面天空中飄浮的雲朵或者教室裡的天花板，此時的你會有什麼感想呢？你會替老師，替自己，替教育者感到難為情，你也會覺得自己在學生面前不是很自在。你懊悔，就不應該來聽課。課後，你也不想馬上和老師進行談話，你會想：是否應該再來聽一節他的課呢，或者是否將談話推後至明天？

由此可見，如果老師在自己所教學的基礎學科方面不具有任何深入的科學知識，那麼也就談不上真正的教育素養。如何才可以讓所有老師深知本門學科的淵源，而不是僅僅了解一點教學的常識呢？

作為老師，真正的教育素養取決於 —— 讀書，讀書，再讀書。要把讀書當作飢餓者的食物，當作第一精神需求。要喜愛博覽群書，要有讀書的樂趣，要能夠坐在書本前面進行深刻的思索。

如何才可以使讀書變成所有老師的需求呢？在此，如果要明確的說有什麼特別的辦法，那是非常難的。讀書的需求是憑藉老師群體的所有的精神生活來培養的。

可是，將讀書變成老師的精神需求，終究還是需要有一些方便捉摸的、容易檢查的而且十分具體的前提和條件的。第一就是時間 —— 即可以供老師自由支配的時間。如果老師被各種計畫、總結之類的東西弄得非常忙碌，說明他的餘暇

時間就會非常少，那麼他對於學生無物可教的那一天就會很快到來。我們的老師群體遵守著一條規定：老師不寫任何彙報和總結。老師不會寫任何除了課時計畫和教育工作計畫之外的其餘計畫。課時計畫是不可或缺的文獻，老師個人的創造性以及在實驗室裡的情況可以直接從中反映出來。對於課時計畫，是不會限定它有什麼固定格式的。自然，它也會被要求具備一定的條件。首先就是需要對學生即將進行學習的理論性的教科書進行教學加工。一個在工作方面具有創造性的老師，所做的課時計畫就是要對課堂上可能出現的以及應該發生的狀況做出最大範圍的預想。

教育素養的一個十分重要的方面就是：所有老師都擁有自己的創造性的實驗室，並且這個實驗室會變得一年比一年更豐富多彩。這裡具體指的是老師勞動的工藝學。比如，幾種不同難度（不同變式）的應用題，老師和學生製作的直觀教具等等，這些就是數學老師一年年累積下來的教學資料。所以老師沒有必要去再寫課時計畫了，因為他為每一堂課所累積的資料在逐年增加。地理老師每年都會對自己各個專題的直觀教具冊進行充實。語文老師在逐年編寫和修訂應當讓學生牢記的最低限度的正字法詞彙表，逐年增編用於每一章節的語法教學大綱的作業卡片集。

掌握各式各樣的研究兒童的方法，是老師教育素養的一

個非常重要的組成部分。在很大的程度上，教育素養取決於老師是不是擅長在兒童體力勞動與腦力勞動的過程中，在參觀、課外休息、遊戲的時間裡觀察兒童，以及如何將觀察的結果表現或者轉變為對兒童施加個別作用的方式與方法。首先是透過觀察，從而構成對兒童的認識。在這裡應該再重複一遍：老師需要弄清楚兒童的健康情況，弄清楚影響他智力發展的解剖生理因素，弄清楚他身體與智力發展的個人特質。與生理學和解剖學、缺陷教育學和心理學相關的書籍，應該變成那些善於展開創造性工作、善於思考的老師的必備書籍。老師開始真正的研究心理學，是在進入學校之後（在許多老師具有的經驗的基礎上進行這種提升）。為了更深刻的理解和思考兒童的腦力勞動中、行為中、同學相互關係中的這種或者那種特點、這種或者那種現象，他便要經常去翻閱心理學書籍。

如果不具有扎實牢固的心理學基礎，那麼也就談不上具有什麼教育素養。有一些老師認為心理學是一門十分枯燥的學科，在學校中也不會得到什麼實際的運用。我們非常關心怎樣將心理學變成能在老師的實際工作中可應用的真正指南。心理學家的研究成果經常被我們在校務委員會的會議上進行介紹，在老師休息室的陳列「新書」的書架上面，同樣陳列著關於心理學的書籍，目的是為了讓老師更好的去閱讀、

去研究、去思考。自然，我們宣揚這些相關心理學書籍，不可以讓它僅僅是一種美好的願望。我們所有老師（包含教導主任和校長在內）都在經常的、用心的撰寫關於兒童的「教育鑑定」，這種「教育鑑定」的要旨是弄明白兒童的繁瑣的精神世界，深入了解兒童的憂愁和歡樂。心理學的分析、觀察和研究就是這種「教育鑑定」的基本依據。

在聽課與分析課的時候，教導主任和我，會在單獨的一頁紙上記錄一些需要實行教育和心理學分析的問題（比如以下這些問題：舊教材在記憶中的保持是怎樣被積極的腦力勞動所影響的；課堂上的腦力勞動是由學生哪種神經系統類型所決定的；如果激發學生對所學學科和具體教材的興趣，需要採用哪些特別的方法等等）。此外，負責課外活動的老師、教導主任和校長，在我們日常的教育工作中，也會隨時隨地碰到一些心理學和教育學方面的問題。在學校生活的這個領域中，會碰到很多問題，假如缺少心理學知識，這些問題簡直是無法解決的（比如：學生哪些方面的行為不適合在班裡討論，哪些行為是可以讓同學們進行團體討論的；在評定知識的過程中需要具備什麼樣的教育機制等等）。每個星期我們都要聚會兩次，讓大家把自己寫的關於教育學和心理學的筆記讀出來，還探討要使用什麼方法，才能解決那些困難而複雜的問題。針對個別問題，我們還會到科學研究中心去請

教一下，而大部分問題則會在校務委員會討論並解決。老師的語言修養問題，也是教育素養的一個方面，提到它就不得不讓人為之感到焦急。在二十年前，我去聽一位老師講課，觀察學生們是如何體會老師對於新教材的講解。我發覺，學生在聽課後非常疲勞，下課的時候幾乎可以說是筋疲力盡了。我開始認真的聽這位老師的語言（他教生物學），然而對此讓我深感驚訝。老師講解教材的意思是那麼的模糊不清，他的語言沒有邏輯順序，是那麼的混亂，以至首次感知這個或那個概念的學生，必須要用盡自己所有的力氣，才可以聽明白一點點的東西。而學生覺得精疲力竭的原因就在於此。

　　為什麼即使是作為校長的我，也沒有立刻發覺這一點呢？這是由於我所聽的內容是本身非常了解的教科書。我有充足的暗示——實質上老師講課中的「漏洞」是被我自己的思想補充上了。我接著又聽了幾節課，並且把老師的講解一字一句的記錄了下來，這些紀錄在校務委員會的會議上被我讀了出來，同時我去問同事們：請大家思考一下，對於一個對所要講解的事物沒有任何了解的人，是否可以聽得明白。請大家構想一下，假如你們對光合作用、二氧化碳、葉綠素本來就是不明所以的，那麼你們能夠聽懂些什麼，在我所讀的紀錄裡？

　　回答這個問題是令人為難的，痛苦的，然而答案僅有一

個：就是什麼都聽不明白。假如說下一節課，學習好的學生可以獲得優異的分數，那麼這也只能歸功於學生自身的努力和勤奮，而獲取這些知識需要付出這麼大的代價嗎？這是學生用健康作為代價換取來的 —— 實際上他們並不是在老師的課堂上獲得的這些知識，而是在課外的時間透過自己的努力才從教材上獲得的這些知識。儘管這個真理是嚴峻的，但我們所有老師都要勇於正視真理。之後，教導主任和我又去逐字逐句的記錄了幾節課，又把在其他課上（化學、物理、歷史課）一字一句記錄的講解讀了一遍。雖然狀況沒有生物課那麼嚴重，但幾乎是在所有的課上，對於語言修養的許多基本要求，老師在講解的時候都無法符合和滿足。而讓全體老師深為憂慮的、同時也是最關鍵的一點，就是：老師對於定義、概念的解釋很不明確，儘管他們已經非常努力的用語言去創造這種表象，但仍然令人覺得模糊不清甚至感到混亂，如果這種表象無法清晰的建立起來，那麼想要獲得一種從簡單到複雜、從近到遠、由個別到普遍的過渡也就不可能實現。對此，我們只能感到深深的遺憾，同時痛心的承認：是啊，我們還不能用語言來讓自己創造的形象變得更加鮮明，可是鮮明的形象卻正是孩子們思維能力的出發點和源頭啊。

也就是從那時起，我們全體老師特別關心的就是語言修養問題，其他與之同等重要的問題。截止目前，這個問題已

經被我們研究了二十五年。所有老師對自己提出的首要任務，就是如何清晰、鮮明的向學生講解那些表象和概念。我們大家經常聚在一起討論和分析各科教科書和教學大綱，如何找到準確的、經濟的和鮮明的語言外殼，才可以讓兒童創建起與這樣一些現象和事物相關的表象，比如：田野、天空、灌木叢、草原、嚴寒、沙漠、火山，土地的收成情況、肥沃程度等等。這些看起來全部都是十分容易的事物，然而當我們打算創造出兒童能夠理解的語言形象以及每種事物鮮明的形象時，就會發覺這件事其實並沒有那麼容易。

　　一位老師驚奇的說：「天空這個概念如何解釋呢？」他用手指著說：「看那裡，那裡就是天空……」可是難道我們能夠一直讓學生以能夠看得見的形象來進行思考嗎？所以我們的語言的欠缺正在於此：因為我們並不擅長運用語言來創建鮮明的形象，所以在從形象思維過渡到抽象思維的這個過程中就會讓學生感覺困難，需要知道的是：概念是在以語言創造的表象的基礎上形成的，而抽象思維則是建立在概念的基礎之上的。

　　我們開始學習使用語言來形容自己能夠觀察到的和能夠看到的事物，然後那些無法用感官直接感知的事物和現象，以及與此有關係的概念也在漸漸得到了講解和說明。再接著，我們會轉向那些能夠被深入分析的教材：找出時間關聯、

因果關聯、質的關聯，確定邏輯順序。我們發現：首先要做到的是老師的邏輯思維和語言修養的統一，也就是對教材的教學論的加工和備課。

老師們開始認真的思考自身的講述方法，此時創造性勞動的一種重要的特徵出現在課堂上 —— 自我監督。我們越來越能明確的領會到：學生在課堂上腦力勞動的效率很大的程度上取決於老師的語言修養。我們深信，合理的利用時間的重要條件是高度的語言修養。當我們非常有必要讓概念、現象和事物在老師的語言中找到能夠被兒童所理解的、鮮明的語言外殼時，我們卻把許多時間浪費在了數不清次數的複習上！

第十九節　與和諧教育有關的一些感想

在某所學校，有個學生讓全體老師感到擔憂和頭疼，他叫作米哈伊爾，是個八年級學生。他是一名獨生子，長著一雙藍眼睛，擁有勻稱的、高䠷的身材。他的眼睛裡總是帶著嘲笑的、樂觀的意味，而且他生性好動，猶如水銀一般……啊，就是這樣一雙頑皮的、好奇的、故作天真的、不信任別人的眼睛，經常惹得老師大發雷霆。以前在上五年級時，所有人都說這個男孩不可救藥，認為他是一個狡猾的、善於

左右逢源的懶漢，是一個遊手好閒的人。就像俗話所講的那樣，他早已經「臭名遠揚」了。即使他被「連拉帶拽的」勉強的升了班，但是仍然避免不了被留了一次級。慢慢的，這孩子成長為少年，又成長為年輕人⋯⋯

　　還剩下三個月，八年級就要結業了，米哈伊爾跟隨媽媽一同來到學校找校長。米哈伊爾一語不發，顯得十分沮喪，而媽媽則央求校長說：「我想讓他隨便找個什麼工作去做，請您批准他不用再來上學了⋯⋯」米哈伊爾碰到的最大的阻礙是作文。因為語文老師與米哈伊爾之間曾經發生過一場難分難解的摩擦。在他看來，作文真的是一種望塵莫及的智慧的巔峰。語文老師在教室日誌中接連替他打了「兩分」—— 一個接一個，以至於到最後，米哈伊爾都不再交作文作業了。而且米哈伊爾開始在語文老師的課上「搞出許許多多的花招」來⋯⋯到了課間休息時間，語文老師回到教師休息室的時候，她已經被米哈伊爾氣得雙手顫抖，臉色發白。其他老師都氣憤的說：這到底要忍受到什麼時候才算是結束？當米哈伊爾準備要離開學校並且去就業工作的消息傳到大家的耳朵裡時，老師們紛紛祝賀語文老師即將脫離苦海⋯⋯

　　由於有很多需要操心的事情和忙碌的工作，也就沒什麼時間再去想米哈伊爾了。有一天，語文老師打電話給區中心開設的電視機修理部，因為她的電視機出了問題，希望他們

能夠派一位有高超技藝的師傅來維修她的電視機。同時她還再三叮囑說，要派一位真正厲害的師傅過來修理，而不要隨意派一個能應付了事的粗心大意的修理匠過來，因為這部電視機已經被修理過 3 次了，但是依舊不好用……修理部回答說：我們派去幫您修理電視機的這位是我們這裡最有名的師傅，手藝高超，肯定是真正厲害的。

語文老師剛從學校返回至家中，就聽見了敲門的聲音。此時米哈伊爾站在了她的面前。他手裡提著一只小箱子，身上穿著工作服，雖然樸實但是十分美觀。語文老師有點驚惶失措。

「你是來找我的嗎？」

「是的，找您的，」米哈伊爾有些窘迫的說，「您不是打電話給修理部了嗎，我就是來維修電視機的人……」「是的，快請進，」她將米哈伊爾邀請進屋內，並將在電視機上面擺放的花瓶拿了下來，雖然上面沒有什麼灰塵，但她還是不由自主的揮了揮灰塵……

我不再具體陳述語文老師經歷的那非常難受的 2 個小時的情形了，也就是米哈伊爾為她修理電視機的那段時間。米哈伊爾將電視機調試好，並示範了很好的可聽度以及清晰度，然後說：「可以保用 3 年。」當米哈伊爾開具好發票，說出應付的金額之後，語文老師感覺臉上羞愧得直發熱，她額

外多支付了 3 個盧布……米哈伊爾將錢退還給了老師，然後帶著激動的心情、但是低聲的說：「難道您是這樣教育我的嗎？您這樣做是為了什麼呢？雖然我寫不好作文，但是我到底是學會了正確的生活方式。而且我當時也非常喜歡聽您講的課……是的，比其他任何的課都要喜歡。我會把這些課留在我的心裡一輩子。」

米哈伊爾趕緊收拾好工具就離開了。

「我長久的坐在那裡，一直在哭，那張 3 盧布的鈔票仍舊在我的手中被緊緊的捏著。」事後，語文老師對老師們說，「我驚奇的看著他，在他維修電視機的時候，我在心裡想：這絕對不是那時在我課堂上的那個人啊。他對我的態度，他的眼睛，和那時完全不一樣了。我被一種心思折磨著：我們這些當老師的人，為什麼沒有發現，在我們覺得沒有任何希望的『落後學生』、一個不可救藥的懶漢的身上，在他們的雙手和心靈中，還蘊藏著如此的天賦呢……這裡蘊藏著一個我們從來都沒有看到過的大寫的『人』，而不僅只是蘊藏著一個巧匠的天賦。是的，親愛的老師們，我們的主要過失就在這裡——學生身上這個大寫的『人』其實我們一直都沒有發現……」

這件事情雖然很小，然而它的含義卻是極其深遠的，它猶如一股猛烈的亮光，將我這麼多年來百思不解的疑問一下

子給照亮了。（我認為，這不僅僅是我的個人看法。如今，當全蘇聯的學校正處於人類歷史上空前絕後的階段 —— 從基礎教育向中等教育普及的過渡階段，這些想法同樣會讓很多教育工作者感到激動。）

　　為什麼我們經常會看到，在一個兒童走進校門之後，僅僅是過了兩、三年的時間，他就不願意去學習了？為什麼對於很多少年來講，就如一位媽媽在信中所說講的那樣，在學校學習實在是「一種活受罪的生活」？為什麼不願意去做學習這件事情 —— 它不但讓少年遭受挫折，讓他與其他人發生衝突，迫使他和馬路上的壞人勾結起來，讓老師幾乎無法正常工作，而且少年在學校裡的所有精神生活也被打上了深刻的印跡？為什麼每年仍有成百上千的少年中途退學，現在國家不是正處於向普及中等教育過渡的階段嗎？這些全部現象的根源到底被藏在了什麼隱祕的地方？讓我感覺極其不安的是有些青少年男女對他們自身的學習成績所持有的那種毫不在乎、漫不經心的態度。「伊凡諾夫，你考的是『兩分』，」老師說。「考兩個『兩分』也可以啊，」伊凡諾夫憤憤不平的回答道。而再加上他那洋洋得意的笑容，真是猶如把一根鋒利的針，直刺在老師的心裡。老師因為力所不及而被氣得聲音顫抖，然而這些由只有 17 歲的少年（如果不是已經實行了普及中等教育，那麼他們早就應該跟著播種機或犁頭在田

間耕地、播種和伺弄莊稼，或者站在機床旁邊工作了）構成的班級裡，竟然經常出現對老師表現出毫不在意或氣憤的情況。為什麼會發生這樣的事呢？這究竟是怎麼回事呢？該如何來對這一切進行合理的解釋呢？不只是要合理的解釋，而且還要用必要的方式來剷除這些極其不正常的情況，從而預防和制止老師心中的這種真正的難過。

我認為，學校的指導方針是教育思想，可是竟然有人在集體面前表現出吊兒郎當、毫不在意、自降人格，敷衍了事，無所作為，也不願意掌握人類最偉大的精神財富 —— 知識。正是這點，令人感覺完全不可思議，甚至是聳人聽聞。

教育學理論學家們，當他們談論到集體對於個人的個性的重大作用時，在談論到某些青少年缺乏教育的原因時，經常是這樣說的：既然如此，那也就說明，集體對學生的教育不夠，未能產生良好的影響；對於老師呢，則說他們不善於透過集體來影響學生的個性。這是一種多麼軟弱無力而又可笑幼稚的辯解啊！它不只對老師指出了錯誤的方向，而且更是從實質上阻礙了願意思索的老師去執行工作。假如一個人在集體面前自己貶低自己，假如他對自己隨隨便便，那麼集體也就被破壞了。只有具有蓬勃生機的健康的水滴、泉水以及溪流才可以匯聚成集體這條大河。假如這些小溪受到了汙染，那麼這條大河將會變成一潭臭水。

　　我堅持認為，只有當教育工作者時刻注意著這條大河的情況，並且確保這條大河流域中所有的溪流都不存在任何發臭、腐敗和乾枯的現象，直到那時，集體才可以變成人的個性以及人的精神的一汪活水。集體只有被加以明智的培養，才能變成教育者的能力。「可教育性」是俄語中一個不經常使用的詞語，我覺得，這個詞應該變成教育學的基本概念之一。

　　應該讓人變成「可教育的」，換言之，使他可以接受老師尤其是集體的影響。假如一個十三歲或者十六歲的人（是的，讓我們使用「人」，而不使用「學生」這個詞語）說：「考一、兩個『兩分』也是可以的啊」，那麼這就表示他失去了這種變成「可教育的人」的可能。毫無疑問，在我們的生活中也已經得到了證明，所有走進校門的人身上原本都具有這樣一種可能。由於他變成了不可教育的人，所以，從那時起，集體對於他而言，已經無法透過教育再對他施加任何影響了。

　　人的這種不可教育性（即不可接受教育）的根源，到底被隱藏在什麼祕密而又遙遠的地方了呢？現在特別重要的是要對這個問題進行沉思。讓人驚訝的是：在馬上實行普及中等教育的時候，教學法專家和教育理論家們討論的最多的話題是教學方法、教學方式和教學大綱，教學大綱編得如何、各門學科教得如何，學校未來全部的成敗將與其連結在一起。

當我每次閱讀當代學術著作的時候，讀到那些關於怎樣強迫人們（是的，我們說「人們」，而不說「學生」）在課堂上進行理解、思考和記憶，怎樣讓每一分鐘的時間都不會被浪費，以及要讓每個人都掌握、掌握、再掌握的那些討論時，我就會不由自主的回憶起那個關於我的同鄉的一個世代相傳的故事——奧麥爾柯爺爺，一個倒楣的農民的故事。由於奧麥爾柯爺爺擁有一俄畝的土地，所以他決定播種春小麥，並且使用粒選的種子。一整個冬天，奧麥爾柯爺爺的老伴瑪麗雅奶奶都和奧麥爾柯爺爺坐在炕頭上，用手工的方法把種子一粒一粒的挑選好。播種的時候到了，然而奧麥爾柯爺爺此刻發覺，他忘記了耕地，他只是一直在注意種子的挑選。要準備播種了，然而土地還沒有耕……

我總覺得很多教學法專家和教育學家的那些聰明的、善意的建議和忠告，與奧麥爾柯爺爺那個不走運的故事十分相似。僅僅關心種子反而將耕地忘記了，那相當於將種子撒下去餵麻雀了。現在，對於作為教育工作者的我們而言，不僅僅應該思考我們將要去做些什麼。而首先應該思考的是：我們即將去做的那些事情，將在被我們教育的那些人們的心靈中會反映和折射出什麼樣的效果。而我覺得，形成「可受教育的能力」，就是要教育一個人去非常關心自身的失敗與成功。在我看來，這是教育中最寶貴的一點，更是教育的

核心所在：讓一個人願意竭盡自己整個心靈的全部力量，願意變成好人，並在集體的眼中樹立起自身良好的形象，展現出自己是一個絕對合格的、傑出的公民，為自身人格的尊嚴而感到自豪，成為一個勤奮好學的思想家、不斷探索的研究者、忠厚的勞動者。這就是我們必須要謹慎的制定計畫並付諸實踐的土壤。最完善的教學方法、最聰明的教材和教學大綱 —— 假如我們將所有的希望都寄託在教學方法、教學大綱和教材上的話，那麼這一切都將化為烏有。現在我們一定要認真的思考，學校的所有教育工作怎樣才能從根源上被改革。

所謂的和諧教育，就是人的活動的兩種職能怎樣才可以配合起來，從而讓兩者達到平衡：一種職能是理解和了解這個客觀世界，另外一種職能是人的自我展現，自身的性格、信念、意志力、觀念、世界觀在積極的創造和勞動中得到展現 —— 自身的內在本質的展現，以及在團體成員中互相連結的展現。因此在這一方面，也就是人的表現方面，我們應該朝著這個方向改革教育工作，並且要加以深入的思索。人的表現的片面性、畸形的單方面性是現在我們很多弊端的根源。假如說在很多的學校裡面（或者可以說是在絕大部分的學校），學習知識所獲得的分數是一個人唯一可以表現出來的東西，那麼學校規定的那個最高點就是他可以達到的程度 —— 這麼說其實也並沒有遠離事實。於是人們產生了這樣

一種不可逆轉的、習慣性的看法：如果一個人的評分不好，那他就是沒有出息；如果他的評分很好，那他就是一個好人。

我的想法並不是輕視學業成績好、分數高的人，也不是要讚揚考了兩分的人或是憐憫他們。我們對於勞動是一定要加以尊重和愛惜的，因為只有大量的勞動才能獲得良好的學習成績。像米哈伊爾那種人的命運，我也絕不會對其感到慶幸。我理想的情況是：要無一例外的讓每一個學生（每一個兒童，尤其是每一個年輕男女與少年）都能夠強烈的熱愛學校、熱愛學習、熱愛科學，讓科學、學校、書籍與智力財富變成學生主要的興趣與愛好，讓年輕人與少年將追求豐富的、完滿的而且充實的智力精神生活作為自身最重要的夢想，讓所有學生都能夠在畢業的時候將渴求知識的火花帶走，並讓它終身不熄的燃燒下去。

對於我這個教育工作者來講，一件必要的、困難的或者極其複雜的工作，就是為了讓年輕人堅信：知識對他們來講之所以是不可或缺的，首先是因為他們可以藉此來享受一個勞動者所應得的豐富的精神生活，而並不單單是為了畢業以後能夠考上大學，也並是不僅僅為了將來的職業 —— 無論是當曳引機操作者還是當老師，首先都一定要是一個文明的人，對自己的兒女來說，是一個在精神上無比豐富的和明智的教育者。

只有透過這樣極其細心的態度去把土壤準備好，然後再播種下知識的種子，我們才可以獲得優質的幼芽，並且讓它們的生長力變得十分旺盛。可是如果要用這樣極其細心的態度去準備土壤，那麼這就說明我需要注意：不要讓評分、上課變成人精神生活中的那個唯一的、可以吞沒一切的活動領域。假如一個人僅僅是在分數上展現自我，那麼就能毫不誇大的說，他相當於根本沒有展現自我，然而我們教育工作者，如果只看到人的這種片面性，那麼就根本算不上是真正的教育者 —— 因為我們沒有看到整個花朵，而僅僅看到一片花瓣。如果一個人展現自我的領域越狹小，那麼老師注意的所有焦點就越是會集中到他的知識上，如果這麼做的話，對知識反而會越有害，人對於自身在學習上獲得成就也會越來越冷淡，他的學習願望也就會越來越低落。

假如學校、老師、輿論對一個人做出好的或者不好的評論，其唯一的依據就是分數的話，那麼將不會有人想努力去做一個好人。分數、上課以及知識掌握的程度 —— 這只不過是人的精神生活的一個方面，僅僅是眾多領域中的一個領域。但許多人偏偏會在這個領域中遭遇極大的挫折和困難。

假如人的精神生活（況且都是怎樣的人啊，十分嬌嫩的，幼小的，在願望、需求和興趣上面都是非常脆弱的人）只是被限制在這個領域中，換而言之，他僅僅能夠在分數以

及知識的掌握等方面來展現自我的價值，那麼他的生活就會變成一種痛苦，因為困難與失敗總是在等待著他。是的，事情的確如此。當兒童的心未被穿上冰凍的、冷漠的盔甲之前，所有不及格的分數對兒童來講都是一場莫大的災難，都會讓他感覺到痛苦（一位媽媽來信說：「那個寫滿了兩分的記分冊被我那流著眼淚的女兒打開了，她乞求著對我說：『媽媽，讓我們搬到不存在學校的地方住吧……』。」這是一個年僅十歲的孩子講的話）。

我們敬重的所有的教育工作者，但你們隨時都要記住：兒童幸福和充實的精神生活是無法從任何教科書與教學大綱、教學方式與教學方法中得到的。我這裡所指的是勞動的幸福，而非天生的幸福。比如說，心愛父母的某種天賦被遺傳給了他的孩子，就是天生的幸福。我們應該指引兒童去獲取這種勞動的幸福，而這種指引哪裡有那麼容易啊。然而假如你不能夠指引年輕人去獲取這種勞動的幸福，那麼就相當於你什麼都不會做，因此所有教育工作者都幻想自己能夠獲得的那隻仙鳥 —— 變成一個好人 —— 這個願望就會消失得無蹤無影。如果兒童不能獲得勞動的幸福，那麼教育也將不復存在。

我覺得讓所有的兒童都成為幸福的人就是教育的理想，讓他們的心靈由於勞動而獲得快樂與幸福。可是，假如學習

的範疇內存在著沒有辦法克服的障礙與困難（最初看上去就是這樣的），那應該如何解決呢？如果是這種情況的話，那麼就需要在精神生活的其他領域裡來表現自己。如果一個人具有很多的認知活動（掌握知識、學習），那麼從某種角度來說，認識世界就變成了一種專門的活動（很可惜的是，通常會成為唯一的活動），因此我們就應該越來越多的關心他，並讓他在其他的活動領域裡展現自我，體驗到一種無法比擬的人的驕傲感，以確立自身的道德尊嚴；我在自己創造的事物中發現了自己，我在某件事情中表現出了自身所擁有的體力、意志、創造性、智力和道德的力量，我可以在最艱難的爭鬥（為維護自身的高尚、完美和道德的精神、維護自身的尊嚴的爭鬥）中變成勝利者，我可以克服困難等。

一個學生，應該在領域裡如何表現自己，才可以讓學習變成令他喜歡的活動呢？

一個在學校裡的人首先應該表現出自己是一個能工巧匠，一個勞動者，一個絕無僅有的創造者，他可以在某一項勞動中主宰一切，在某一件事上能達到完美的程度，而且遠遠的超越自己的同學。我在這裡所講的並不是這種勞動教育，它在實踐中通常會讓人感到可惜，因為這種勞動教育只是定期的為所有學生安排一定的勞動定額、勞動負擔，而這種勞動定額在被學生完成之後，很快也會被學生忘記，並且

還經常發生這樣的事情：他非常賣力的勞動，僅僅是為可以盡快的離開它。我這裡要講的是人的勞動與精神世界的統一，是人在勞動中的精神生活。要讓學生強烈的喜歡上一種勞動，讓他在勞動中學會自己尊敬自己，讓他的心因為自豪和激動而快樂的顫抖，讓他因為珍惜自己的勞動而更加珍惜自己。

我堅決相信，只有在那種親身經歷的勞動中展現、發現與看見了自我的人，才可以成為真正的可以教育的人，才可以靈敏的感覺到長輩（老師、媽媽、爸爸）的道德力量的作用，尤其是能夠靈敏的感覺到集體的作用。應該透過勞動教育去發現所有人的心靈，去發現所有人身上所蘊含的那個唯一的泉源，而這樣的泉源通常會被外表的消極、不在乎和冷漠的態度所遮蓋。

在學校我對年輕人、少年與兒童所做的幾十年工作，讓我獲得了一條非常深刻的信念：人的能力、天賦、愛好與可能性的確是不可限量的，而所有人在這些方面都會有獨一無二的表現。自然界中不存在這樣一個人 —— 讓我們有權說他「不管做什麼都不行」。教育的真正的人道精神和英明之處就在於：要將所有人（毫不例外、所有人）身上的獨一無二的創造性勞動的泉源發掘出來，幫助所有人打開他們的眼界，讓他們看見自己，讓他感覺、看到和理解自己身上具有的人

類驕傲感的火花，從而變成一個維護自己尊嚴的不可戰勝的勇士，變成一個在精神上堅定的人。

教育的複雜、明智，讓人感到艱難和痛苦的同時又讓人感到快樂，主要原因就在於：早在童年時期、童年和少年交界的時期以及少年時期要讓我們所有的學生，能夠在一項自己喜愛的勞動裡發現自己，然後讓自己沉浸在這種心愛的勞動中，並且獲得優秀的成績。這是活生生的教育的現實，而不是什麼幻想中的情景。在現實工作當中，我們竭盡全力讓所有的學生從童年時期開始就對某種事情著迷：例如將一塊荒涼、貧瘠的土地改造成高肥度的土壤啦，培育出能夠長出一百粒麥子的麥穗的優良小麥品種啦，在很小的一塊地上獲得一年兩熟的收成啦，能夠掌握小型的曳引機駕駛技術啦，製作複雜的可以活動的機器模型啦，製作各式各樣的工具啦，飼養一種能夠長出特有的細羊毛的羊羔啦……

假如說三百種各不相同的天賦的泉源是從三百個不同的學生身上發現的，那麼在擁有如此多樣的人力資源的前提下，我們就能夠從自己周圍的生活中尋找到同樣多種類的勞動。在這塊土地上，讓對於這麼多種類的勞動的喜好變成盛開的繁花一樣。只要我們可以感受到所有人都有這種不可遏制的表現自己的意願，我們就能夠做到這一點。為了實現這個目的，老師應該學會如何引導自己學生的才能與創造力，

讓所有年幼的人、所有少年首先變成能夠自己教育自己的人，只有在這樣的條件下，他才是你的學生，這一點我願意千百遍的重複。假如你想要讓所有人能夠在童年以及少年時期就將自己展現出來，那麼你就應該在學校裡堅持去創造和保持這種自我教育的氣氛，並為之提供持續不斷的鼓勵。在集體生活中，一個最主要的規律就是：只要有任何一個人在某件事上獲得了良好的成績，那麼他就應該去鼓勵另一個人也去這麼做，以此喚醒另外一個人身上所具有的那種絕無僅有的個性的泉源。

真正的「大人的」曳引機能夠在十年級的學生的手裡得到熟練的操作，這是由於他從一年級就與機器生活在一起。這個十年級的學生，同時又成為了一個六年級學生的教育者，十年級的學生不僅教六年級的學生開小曳引機，還將自身的技能傳授給了他，而且他似乎成了掌握這種技能的榜樣。這個六年級的學生也有一個年紀更小的朋友，那是一個二年級的學生，教給他操作一種裝有真的內燃機的、半玩具式的小汽車。一個學生，只有當他用自己鑽研精神的亮光照亮了別人道路的時候，只有當他表現自己的時候，他才可以真正的成為接受教育的人。這種鑽研的精神越是能夠深入，這條道路就能變得更加鮮明，那麼它鼓勵他人的力量也就會變得更加強烈。

在這樣一個複雜的自我教育的樂隊中，老師充當了指揮者、第一小提琴手和作曲家等多個重要角色，他促使人們去表現自己，他是人們所擁有的技巧的最主要評論者，而且能夠在表現自己的同時還可以鼓勵別人。其中首要的推動力應該都是從老師那裡獲得的。

如果所有學生都沒有體驗到自身的尊嚴感，也沒有在勞動中表現出自己，那麼我們將會變成無計可施的教育者，因此年輕人的心也將不會接受我們的教導、我們的勸告和我們的話語。只有依靠所有學生在勞動中表現自己，憑藉所有學生心靈上的這些非常細小的活動，我們才有希望將長久的學習願望保護並維持住。

如果兒童在知識掌握上越來越覺得艱難，那麼他在通向優良的學習道路上所碰到的阻礙也就越多，因此要盡量讓他在勞動創造的其他的範圍中來突顯自己，這一點就顯得極其重要了。雖然年輕的人需要這一點，但是這並不能夠說明，既然他已經在人類活動的某個領域裡遭受了不幸的命運，那麼就透過讓他在別的領域中獲得成功來補償他，讓他獲得幸福。不，假如事情真的是這樣的，那麼教育也就變成了一件非常容易的工作：既然你不能接受學習這件極為費腦筋的事情，那你也就不要學習了，當一個優秀的牧羊人或者木匠也挺好的。不，絕對不是如此。我們講的是和諧的教育，對一

個人來講，假如在他的面前，智力的財富是封閉的（然而獲得這些財富的方法只有一個：接受普通教育），那麼他將永遠都無法變成一個幸福的人。然而，假如一個人可以在一種勞動裡表現自我，他就不會成為一個對任何事情都漠不關心的人，在他所進行的其他活動領域（包含學習領域）裡，就能夠找到那種克服一切困難的力量與志向。

在學校工作了二十五年之後，我仍然連名帶姓的說出178個中學畢業生的名字，在他們少年與童年的時期，倘若他們也能夠經常體會到一種深刻的、無法比擬的道德滿足感、驕傲感和尊嚴感，倘若他們不能在勞動中發現自己、表現自己，那麼他們壓根就談不到接受了中等教育（這點是讓人深信不疑的，不只是老師，並且包含他們自己）。對於這些學生而言，上述這些情感就是一種刺激，它能夠保護他們對自己和自己的力量的自信心，也能夠推動他們去展開緊張的腦力勞動。在勞動的過程中表現自己，可以把他們從灰心絕望中、從人類真正的痛苦中解救出來，這點是千真萬確的，毋庸置疑的。

我們學校以前有個學生名叫尼柯拉，現在的工作做得非常出色——他在大學畢業之後就做了農業學家，至今已經十三年了。可是，小時候的他在學習上也是那麼的困難！然而他只是在勞動中獲得了一些非常不起眼的、甚至令人感到

有些奇怪的成績，就讓他的精神振奮了起來：在上五年級的時候，他成功的培育出了一種勻稱且漂亮的果樹 —— 在野生的砧木上嫁接成功一種果樹的幼芽。然後我們生物老師裝出一副憂慮的樣子說：「學生已經走在老師的前面了……孩子們，這讓我以後如何再教你們呢？」可是依我看來，教育邏輯真正的實質就是：能夠勇於讓自己的學生超越老師才是好老師，不敢讓自己的學生趕上的老師則不是好的老師。

勞動，讓人在勞動中表現自己，認識自己的力量和才能，珍惜自己的榮譽，理解生活的意義，為自己的人的尊嚴而驕傲。只有這樣的勞動才可以稱為道德的發端。道德的自我教育 —— 即將學生要成為一個好人的渴望激發起來，本質上是從勞動的尊嚴感、自尊心和驕傲感開始的，然而如果缺失了這一點，那麼對於學生群體、學校來講，都將是一件難以想像的事情。如果人對集體教育影響的敏感性越強，那麼他希望在這個群體眼光中變成好人的意願也就越深刻；然而僅有當一個人在為人們的勞動中獲得某些成績，某一點值得驕傲的時候，這種有深刻道德意義的渴望才有可能產生。

在學校裡，只有當人在勞動的過程中為了表現自己而讓思想占領統治地位的時候，教育工作者才可以達到和諧的與真正的教育。只有當學校擁有一個「思想的王國」的時候，學校才可以稱為學校。而假如在學校裡充滿著一種死讀書本

的、思想僵化的氣氛（我想將它稱為思想幼稚病），假如知識猶如海浪一樣的連續不斷的湧來，猶如貨物一樣快速的壓緊、包裝，有時會翻出來檢查一下，而後又儲藏在堆疊裡，不再會有翻身的機會。那麼，就很難談什麼和諧的教育了，因為這種知識很少能夠進入到集體與個人的精神生活中。

只有當一個人一邊思索一邊工作，或者一邊工作一邊思索的時候，思想才可以作為想要知道和認識的有機的精神需求、求知欲、一種鑽研精神，進入到個人的精神生活之中。在學校工作幾十年的經歷讓我堅定的相信：只有依靠這種有生命力的思想，人的意志、自覺的體力以及腦力上的努力才能跟自己的腦力勞動相結合，而這也是想要變成一個好人（一個熱愛勞動的、知識豐富的、聰明的、善於思考的、有教養的人）的願望。

讓一個人在運用體力和思考的時候，採取自己的立場，去維護真理，而非只是簡單的確信什麼就完了 —— 這就是我們進行和諧教育的所堅持的規則。比如，一個人十分清楚的了解，任何東西都不會在有砂石土和黏質土的荒地上長出來，不過它是能夠被改造成為肥沃的土壤的。他之所以了解這一點，是因為他親眼看到了別人在從事這項勞動，而並非只是由於相信了老師說的話。不過假如自身緊繃的體力勞動還沒有與這種知識和思想相結合的話，那麼，這種思想依舊

是沉睡的巨人，這種知識也依舊是一種沒有生命力的負擔。當一個人透過挑撿石塊，挖掘黏土這樣的方法，讓土壤中的微生物獲得生命，進而將這塊土地改良成為肥沃的黑土地時，思想才會變成他的道德財富，他也才會去珍視真理。只有在如此的條件下，知識才可以成為一根魔術棒，真正的人類心靈的巨人才能夠被它喚醒 —— 即道德信念。

這些無價的寶藏 —— 道德信念 —— 正是人們透過在勞動中的表現這一途徑所獲得和了解的。假如人的手上沒有老繭，沒有流過汗水，沒有疲勞和克服困難，沒有使用自己所有的精神和體力，那麼他是不能夠理解和獲得信念的。我堅信，如果在少年和童年時期，手上就被磨出許多厚厚的老繭，這將是一把打開通往和諧的教育世界大門的金鑰匙，是人的心靈的最可貴的財富。誰可以在學校中建立一個思想的國度，那麼他就可以擁有這把金鑰匙。

這就是找到深藏於每個人內心財富的方法 —— 和諧的教育。讓每一個人在自己天賦所及的所有範圍內充分的展現自己，這就是教育的明智所在。讓每個人都能夠充分的表現自己，這既是個人的幸福，更是全社會的幸福。

下篇：要相信孩子

第一節　兒童的敏感心靈需要呵護

我剛剛開始從事老師這項工作時，只有十七歲。當時我擔任五年級各個班級語言文學老師，同時兼任少年先鋒隊的輔導員。

在少年先鋒隊工作的第一年，我記得曾經發生過這樣一件讓我這一生都難以忘記的事情。五年級有個向來沉默寡言、看上去有些孤僻的學生名叫沃洛佳，他把自己的同班同學謝廖沙打傷了。事情發生之後，沃洛佳始終固執的保持著沉默，不願意解釋自己為什麼會做出這種事。而謝廖沙也是一句話也不說，但他在向老師告狀的時後卻多次強調是沃洛佳平白無故的就狠狠的揍了他一頓。

當時我還不是很了解孩子們之間那種錯綜複雜的關係，所以很輕易的相信了謝廖沙，覺得這次打架的主要責任在沃洛佳。於是我將自己作為一個老師的唯一的「武器」拿出來對付沃洛佳。我決定在班級裡做一次公開的訓話，而且做了認真充足的準備。我將沃洛佳描述成了一個缺少感情的、粗魯的、欺負弱小同學的孩子。我坦率而發自內心的談話對全班同學果然發揮了作用。我感到非常滿意，覺得班裡的孩子們大多數都認為沃洛佳這件事是有錯的一方。

可是同學們越是這樣認為，沃洛佳臉上的表情反而更加明顯的讓人覺得他並未心服──那不是一種後悔的表情，也不是希望老師原諒他的表情。恰恰相反，那是一種惱怒的表情，他自負的堅持自己才是正確的，並且下定決心以後仍然不會跟大家在一起。他將全部這些情感毫不掩飾的、非常明顯的從他那激動不已的直接射向我的目光中流露出來。

對我來說，沃洛佳根本沒有任何像樣的理由能夠讓他覺得自己是正確的。所以，我認為他堅持己見的行為當作一種固執的表現，而不是將其視為一種好的、兒童身上難得一見的頑強品格。為了讓他固執的態度做出改變，我繼續對他的行為展開分析，將他說成了一個沒有勇氣請求同學原諒自己的頑固的孩子。

事後我才明白，這樣嚴厲的譴責對沃洛佳拉說是很不公平的，因為它讓沃洛佳再也無法忍耐下去，他直接從自己的座位上跳了起來，用很低的聲音激動的對我說道：

「我可什麼都不怕，我不說話並不代表我害怕了。謝廖沙自己知道我為什麼會那樣揍他，他並沒有把事情的真相講出來。」

就這樣，一次準備得極為充分的教育活動徹底宣告失敗。幾乎是一瞬間，我就明白了──與其說是明白，更像是一種直覺，沃洛佳才是對的那一個。因為只有堅信自己沒有

犯錯的人才能說出這樣坦率的話。此後，我了解到了事情的真相，沃洛佳的確是對的。

這件與沃洛佳有關的往事讓我想起了以往我與孩子們之間，還有個別學生之間所發生過的那些大大小小的矛盾。正是沃洛佳讓我學會了十分重要的一件事，那就是：對於兒童的關心，不應該只是理解他們的精神世界，更應該學會使用他們的感情和思想來面對生活，把他們的憂傷、焦慮以及感到激動的事情全部都裝進自己的內心。這也是我們俗話說的站在他人的立場去想問題。

這件事之後，我明白了一個道理，作為一個教育者，絕不應該成為一個沒有感情的、只會按照某些帶有抽象的公正性的規矩來工作的審判官。教育者應該變成一個活生生的人，一個與孩子們一樣對身邊事物有正常的喜怒哀樂的感情的人。一位真正的老師或許也會由於一時不注意而變得急躁，但如果他是出自好心，孩子們總歸會理解他並原諒他。但是如果他總是帶著一副冷若冰霜、沒有任何感情的態度，一見到孩子就是一頓冗長的說教，那麼孩子對這種總是高高在上、漠不關心的態度是絕對不能原諒的。

由於我不斷深入研究兒童的內心世界，並逐漸掌握了如何透過他們的感情和思想來生活，我便開始越來越清楚的知道我們這些教育工作者應當遵循的一條非常重要的真理：當

我們試圖了解兒童的內心世界時，不要對他們內心深處那個最敏感的地方進行傷害。每個人都有自尊感。不合適的、失去分寸感的關心，不僅會對兒童的自尊心、人格和自豪感造成傷害，而且會像一種直接侮辱一樣刺痛孩子的心靈。在我任教的巴甫雷什中學，我們透過培養學生的自尊感來與各種不良風氣作鬥爭——上課回答老師提問時互相提示、課後互相抄作業、考試的時候作弊等等。在學校剛開學的幾週，我們會培養孩子將獨立完成作業作為一種榮耀的價值觀。這樣做的結果就是，孩子們自己便會生氣的抵制那些想要在寫作業時偷偷遞小抄，或者是在口頭回答老師提問時給自己提示的那些「好心」同學。如果老師想要透過這樣的方式來「幫助」同學，那麼就更不恰當、更不得體了。令人感到遺憾的是，我曾經在一節地理課上發現了一次表現得非常明顯的這類「幫助」。課上老師要求七年級學生按照填充地圖來回答問題。但是老師特別許可一位請了很久病假、剛剛回到學校的女同學按照一般的地圖來回答問題。這個女同學將地圖展開，掛到牆上以後，便開始結結巴巴的回答起來。但是答著答著，她忽然又哭了起來。因為老師對她的寬容，讓她覺得自己受到了侮辱。此後在很長一段時間裡，她都對這位地理老師不再信任，直到這位老師做了大量修復的工作以後，師生之間才恢復了正常。

下篇：要相信孩子

至於老師由於沒有意識到自己的做法欠妥，考慮不周而讓學生與自己變得越來越疏遠的例子，在學校裡就更是不勝枚舉了。大概是十年前，在巴甫雷什學校，發生了一件我永遠都難以忘懷的事情：那是在一年級的第一堂課上，四十雙眼睛正全神貫注的盯著老師。大家們屏住呼吸，認真的聽老師介紹學校裡的情況並宣讀學生守則。當老師講到雙手、耳朵、衣服全都需要保持整潔時，所有的孩子都將自己的小手放到課桌上認真的檢查，而且還互相進行檢查。這時正在宣講的女老師發現坐在前排的一個長著一雙黑眼睛的小男孩耳朵非常髒，她瞧了一眼這個小男孩之後就說道：

「大家都來看一看，格里沙的耳朵是多麼的髒啊！他沒有把耳朵洗乾淨就來上學，這樣可不行。」

小男孩的臉一陣發紅，後來又變白了。三十九個孩子一齊看向他。從孩子們看向他的目光裡能夠看出來，有些人是出於兒童所獨有的好奇心，有些則是因為同情。那時格里沙幾乎不知道怎樣才能躲避這些眼神，幸好當時孩子們沒有對著他幸災樂禍的嘲諷。

老師認為自己的教育方法很成功，並且對此覺得非常滿意。她心裡想：這樣一來，這個孩子再來到學校的時候，他的耳朵就再也不會那麼髒了。然後她又教給孩子們應當如何舉手提問，老師提問時應當怎樣站起來回答問題，離開教室

的時候應當怎樣得到老師的允許。但是她卻一直沒有注意到格里沙直到下課都坐在那裡一動不動，也沒有注意到格里沙已經不像在之前那樣全神貫注的盯著她的每一個動作。孩子的兩隻眼睛雖然睜得很大，但是眼眶中卻含滿了淚水。而老師卻完全沒有意識到自己的批評竟然會讓一個孩子傷心到連哭都哭不出來的地步。這也是格里沙有生以來第一次真正感到難過。

　　第二天格里沙沒有到學校裡來。老師對這件事並沒有給予足夠的重視，因為除了格里沙之外，還有另外兩個男同學也沒有到學校裡來。第三天格里沙來到了學校，他把頭髮剃得很短，臉也洗得非常乾淨，身上穿著一件雪白的襯衫。他在座位上坐著，顯得有點緊張，只是呆呆的向一個方向看去，也不知道是在看著面前的課桌，還是看著黑板。可是老師卻只是注意到了格里沙把耳朵和手洗得乾乾淨淨，卻忽略了他那努力想要讓自己注意力集中起來的樣子 —— 那絕對不是一個七歲的孩子所應有的樣子。

　　一年級的算術課上，孩子們都學會了用小棍子來數數，並且能夠從一數到十。只有格里沙在數的時候沒有把握，經常出錯，而且小棍子也擺不好，因為他的手總是不停的發抖。他總感到全班同學都在看著自己的耳朵，因此把頭埋得低低的。老師對所有這一切都沒有任何的察覺，她反倒是覺得格里沙總是心不在焉，注意力不集中，所以還責備他說：

下篇：要相信孩子

「要集中注意力！」

　　晚上，老師到了格里沙的家裡，向他的媽媽詢問格里沙前兩天為什麼沒有來上學。媽媽向老師解釋道：

　　「他第一天從學校回來後就哭了。我問他是不是有人欺負他，他說自己肚子疼，於是我便讓他在家裡休息了。結果他果然拉起肚子來了，不過很快就沒事了。後來他又要我幫他把頭髮剃短，並特別要求我把他的頭洗得乾乾淨淨，好幾次都讓我看看他的耳朵後面是不是洗乾淨了。九月一日開學之前，我由於不在家而沒能來得及幫助他做好上學前的所有準備。所以到了開學那天，他只能一個人到學校去。」

　　這一次的家訪結束之後，老師還是沒能省悟。

　　剛剛進入一年級的孩子們會按照字母表來認讀第一批單字了。早在入學之前，格里沙在家就已經學會了差不多全部的字母，但是在課堂上他讀的效果卻很不好，他的聲音有些顫抖，而且總會吞掉詞尾，有時甚至會把整個音節都給丟掉了。老師又一次批評了他。這次是說他偷懶、散漫。

　　「你是不是在家的時候沒有練習呢？你不能總是這麼懶惰呀！」

　　那些字母在格里沙的眼前一個個跳動了起來……但女老師卻大發雷霆。於是她又一次找到格里沙的媽媽告狀，說

格里沙喜歡偷懶，不能集中注意力，還說他的性格也不是很好。

女老師採取了錯誤的教育方式，導致孩子遭受了非常嚴重的傷害。可是她不但沒有對自己的錯誤進行反省，反而一而再、再而三的繼續用不公平的態度來對待格里沙，這也讓她的錯誤變得更加嚴重了。

到了期中考試的時候，格里沙的數學和閱讀都只得了兩分。校務會上，女老師將格里沙成績差的原因歸結為孩子性格懶惰、三心二意、注意力無法集中。發了成績單之後的次日，格里沙的媽媽便來學校找我了。她堅決的要求我將她的孩子調整到其他的班級。一開始她怎麼也不願意說為什麼想要調班的原因，到了後來才將事情一五一十的告訴了我。原來格里沙最終還是把讓自己感到傷心難過的事情告訴了媽媽，並將自己所受的莫大的委屈傾訴給媽媽。他眼睛裡含著淚水，不斷的對媽媽說，班上所有的同學都在看他的耳朵。

在教務會上，我們針對這件事展開了討論。大家就老師在工作中應該掌握一個什麼樣的分寸，如何維護孩子的自尊心、孩子受到的委屈會引發他們什麼樣的痛苦等多個問題進行了嚴肅的討論並交換了意見。這件事情讓我們意識到，老師應該以一種慎重的態度來對待自己將要說出的每一句話、將要提出的每一個意見，要三思而後行。孩子的內心極為敏

感，它可以接納所有美好的事物。假如老師可以引導孩子效仿好的榜樣，啟發他們學習一切好的東西，那麼存在於孩子身上的所有不好的東西就都可以在不遭受任何痛苦 —— 也就是不讓孩子心靈受到任何傷害、不讓他們覺得委屈的情況下，自然的消失。這位女老師在教育方法方面之所以會犯錯，其根源就在於她總是帶著一種冷漠無情的態度來對待孩子們，她不應該讓孩子成為全班同學的反面教材。

其實，這件事完全能夠用另外一種方式來解決：例如讓孩子們都來看看某個把手洗得非常乾淨的小男孩，或是看看哪個同學穿戴得既乾淨又整潔，然後再鼓勵大家向這些好的榜樣學習。在說這些話時，老師可以用自己的目光有意無意的向格里沙掃上一眼，這樣就用特別的方式向格里沙進行了暗示。

這位老師的錯誤還有一點，那就是沒有注意和理解孩子內心的苦衷。這是老師們經常會犯的一個錯誤。他們通常在對某個孩子進行批評之後便忘了這件事。

教務會議最後決定讓格里沙到另外一個班級去，正如大家所預料的一樣，格里沙果不其然是一個既勤奮努力又細心認真的好學生。尤為令人感到驚喜的是，以前被那位女老師認為是不具備數學才能的格里沙，到了五、六年級的時候就展現出了他在數學方面極為突出的才能。

　　要讓兒童從小就培養並具備良好的道德風貌，就必須發展並鞏固孩子那種自我尊重的情感。每一個思考問題較為深刻的老師都明白，任何一個學生，就算是剛上一年級的小學生，假如他覺得自己留給老師的印象比自己在現實中的表現差，那麼他的自尊心便會遭受極大的傷害。反過來，假如孩子不但知道而且感覺到老師和同學對他身上的優點不但很注意，而且都非常讚賞，那麼他便會付出最大的努力讓一切變得更加美好。事實上，教育所有的技巧和奧祕就在於如何關愛並保護孩子身上這種昂揚向上的精神，以及努力提高自身道德品格的積極性。

　　反過來，假如孩子自己不想著學好，那麼不管什麼樣的教育者都沒有辦法讓美好的事物在他的心裡生根發芽。所以，只有到了老師和同學都能夠一眼就發現孩子身上優點的地方，才有可能產生這種昂揚向上、要求進步的熱情。

　　我在自己的記事簿中記錄了很多學生的事蹟。這些學生日後全都成了表現優秀的人士。不過在這些孩子之中，在他們的童年時代，每一個都曾經犯過這樣那樣的錯誤，或是做過這樣那樣的錯事。下面我就用一件二十年前發生的事情來舉例說明：

　　正在上三年級的柯利亞同學是家兔飼養小組的積極成員。他總是非常細心的照顧這些小動物，每當母兔需要特殊

照顧的時候，他每天會來學校的教學實驗養兔場好幾次。可是有一次，這樣一個非常熱愛勞動的小男孩竟然偷偷拿走了養兔場的一對兔子。在和我談話時，他當著我的面承認了這件事。是什麼樣的想法讓柯利亞偷走了一對兔子呢？這讓我想起了柯利亞曾經想為他最喜歡的兔子做一個新籠子，並希望每天都可以照顧牠們的事情。正是因為有了這樣的想法，他才最終下定決心要把兔子帶回家的。這樣的行為當然不能被認為是偷竊。在柯利亞做這件事的動機之中，既包括應該遭受責備的一面，也包括內心純潔善良的一面，這兩者交織在了一起。他把屬於集體的東西拿到了自己家裡，這是應該受到責備的一面，可是他這麼做的目的卻是為了為兔子提供更好的照顧，為了幫助學校繁育更多的兔子，所以我覺得沒有必要將這件事公之於眾。因為其他孩子很有可能不明白這件事情到底有多麼複雜。

在我的啟發下，柯利亞意識到了自己這樣做是錯的，隨後我建議他將兔子從家裡帶回學校並將牠們悄悄放回養兔子的籠子。養兔小組的孩子們看到兔子又回到了籠子裡很是驚喜。我趁著大家都非常高興的空檔，提出了這樣一個建議：每一位同學都可以自願帶一對兔子回自己家去養，並讓牠們繁殖小兔，等到三、四個月之後，再把帶回去那對兔子連同牠們生出來的小兔一起送回學校農場，或是送給學校每年夏

144

天舉辦的夏令營。

孩子們興高采烈的同意了這個建議，他們每個人都領走了一對自己中意的兔子。柯利亞當然也是興沖沖的連忙拿走了自己心愛的那一對飽經滄桑的兔子。

我們很難找到一個一輩子從來都沒有犯過錯誤的人。童年時期往往是道德面貌正在形成的階段，這時一個人犯錯的可能就要更大一些。可是孩子們的所有行為都不能與成年人的類似行為混為一談。孩子中做出的偷竊行為與成年人的偷竊行為絕對是不一樣的。假如對待孩子所犯的錯誤就像對成年人那樣去揭發和指責，那麼在孩子敏感的內心就會留下長時間甚至一輩子的傷痕。犯過錯誤，又受到公開批評的孩子往往會變成一個寡言少語的人，不再願意與身邊的同學互動。更加糟糕的是他們主動做好事的熱情與渴望會由於這個原因而大大減退，就算連努力成為一個誠實、品格高尚的人的願望也會逐漸減弱。所以面對孩子們所犯下的各種不良行為 —— 比如偷竊行為，需要我們進行處理的時候，就一定要非常慎重，非常細膩，尤其有必要對他們的內心世界進行深入研究。

每個孩子都有屬於自己的弱項和缺點。他們其中有些人已經習慣了將今天的事推到明天再去做；有些人則喜歡在上課的時候講話；還有些人覺得將自己最親近的朋友拉到一起去淘氣玩耍才是最有趣的事情；有些人由於畏難情緒而不想

獨立做作業而只想著抄別人的……

　　所以有時候我們會產生這樣一種感覺 —— 孩子似乎更願意從做壞事中獲得樂趣。但事實卻並不是這樣的。雖然孩子們在生活方面只有極為貧乏的一點經驗，但孩子到了七歲之後，就已經完全明白了缺點和錯誤對一個人來說是一件不光彩的事情，所以他們總是想方設法的來掩蓋自己的缺點和錯誤，會盡力不讓集體中的其他人發覺，從而免於讓自己受到他人的譴責。

　　有些老師努力的想透過一些直截了當的，看上去最為可靠的方法來糾正學生們的缺點和錯誤。他們當眾宣布孩子的缺點，想讓孩子用一種批判的態度來評論自身的行為，然後讓內心「醒悟」並努力改正這些缺點和錯誤。但是在絕大部分情況下，這樣的教育方法往往是最失敗的那一種，因為如此對待孩子的心靈，就如同將他們最為敏感的東西 —— 自尊心、個人的尊嚴、自豪感全都暴露在外，並讓它們受到嚴重的傷害。這樣做的結果就是讓孩子非常自然的為自己樹起一道保護的屏障，特別是在他們相信自己正在遭遇痛苦但老師卻覺得很愉快的時候，就更是如此。

　　有的時候，孩子會覺得自己無法得到來自成年人的尊重，但他卻又不善於將自己道德上的長處和優點展現出來，因此就想出了各式各樣其他的方法來吸引別人的注意力。而

他們最常用的方法就是去做一些壞事。

　　這種孩子要想教育好是非常難的，他們總是想做一些不被允許的事情，但要求他們做的事情卻偏不去做，有時他們甚至會故意把事情做到一種非常可笑的地步。例如有一次，有位班導師組織班裡的同學到森林裡去野營，為了擺脫一個惹人生厭的調皮鬼米沙，便故意命令米沙必須參加本次活動，果不其然，米沙偏不去。跟老師唱反調已然成為米沙最主要的行動準則。米沙的固執、偏激與不服管教的性格經常會超出應有的限度。有時因為他一個人的緣故，導致整個班級的各項工作都不能正常進行。我們經常將米沙的媽媽請到學校來，但同時也會盡量對米沙本人進行開導，可是這些作法都沒能收到明顯的效果。每一次請家長的結果往往都是這樣：媽媽對兒子一點辦法也沒有，只能無奈的把兩手攤開，兒子雙眉緊鎖，一句話也不說，雖然最後兒子做出了改過自新的保證，但很明顯，這樣的保證純屬是為了讓這場令他感到鬧心的談話趕緊結束。

　　時間一長，原本並沒有主觀惡意的帶有孩子氣的調皮逐漸發展成為非常嚴重的不良行為，幼稚的自由散漫變成了真正的好吃懶做和遊手好閒。針對怎樣教育好米沙這樣一個任性而固執的學生的問題，我們展開了很多次討論，這個問題讓我們所有的學校主管和老師都感到焦慮和不安。

下篇：要相信孩子

　　米沙對老師總是抱著一種不信任的態度，大家對此沒有絲毫的懷疑。他對別人總是帶著戒心，總是帶著一種懷疑的態度——但他是不是一直都這樣呢？答案是否定的，他並不是一直都如此。是強加於他身上的教育令他變成了現在這副樣子。媽媽總是對他吹毛求疵，一味的責怪他和埋怨他。我們的老師也是這樣。無論向他提出什麼意見，總是用一種責怪與不信任的語氣，要麼就是用一種善意的玩笑的口吻，可是這種明顯具有善意和寬容意味的玩笑話反而讓孩子感到難以容忍，因為從這些話語中，他只能感受到講話者對他的不信任，再有就是對自己的嘲笑。

　　如果米沙沒能按時寫完作業，老師就這樣對他說：「我一早就想到了，米沙肯定是忘了寫作業……」

　　如果米沙的作業完成得很好，老師自然感到非常滿意，但在說話時卻會故意表露出一種驚訝的態度：

　　「米沙總算下定決心要好好學習了……」

　　總而言之，不論何時何地，不管什麼樣的事情，都會讓米沙想到自己是一個渾身都是缺點的學生，這就讓他與老師、班級之間原本就緊張的關係變得更加緊張。

　　極少數的老師認為，這個孩子已經不適合繼續留在學校讀書學習了。但學校大多數老師都不同意這樣的觀點，大家一致認為在米沙讀完七年級以後，必須讓他升入八年級繼續

學習，同時應該改變對米沙的教育方法。

那時學校正在建設一棟新大樓。我有意將米沙叫到工地上，並讓他幫忙清點一下存磚的數量。對於我的這個請求，米沙覺得有點莫名其妙，但他還是很好的完成了這項任務。清查完畢之後，他發現工地上的存磚數量已經不多，如果用於砌牆的話，兩、三天就會用完。我故作焦慮的對他說道：

「要怎麼辦才好呢？搬磚需要到磚廠去，但是此時又沒有人手可派。」

我希望米沙能夠從我的話中聽出我是在請他幫我想想辦法，幫助我解決這道難題。我希望他能夠將我當作一個向他請求援助的長者，同時把自己當作一個勞動者。可是他的臉上卻閃現出了迷惑不解的神情，他不理解這番談話的真正目的。緊接著，這種迷惑不解的神情又迅速變成了一種掩飾不住的驚慌之情。他在努力的揣度校長到底對他安排了什麼樣的圈套。於是我再一次表示了對於派不出人手去搬磚的焦慮，並再一次用懇求的目光看向了他的眼睛。

「如果我們班級的同學中有人可以去搬磚而且又不耽誤第二天上課，那就太好了。」我低聲的自言自語道。

緊張的氣氛到達了頂峰，此時已經不是米沙，而是輪到我來掩飾自己內心的不安了。讓我感到不安的是我不知道米沙到底會不會回應我的號召。

下篇：要相信孩子

　　米沙一句話也沒有說。我知道再這樣繼續考驗下去是不行的，米沙還是什麼也不會說的。我這一番原本極為平常的話，在米沙的內心卻掀起了滔天巨浪。

　　談話結束兩小時以後，我來到了米沙所在的班級，又一次與班裡的同學們談起了學校建築工地上遇到的困難，我建議他們採取自願報名的方式來參加當天晚上的勞動，但是第二天一早仍然要正常來學校上課。我把它描述成了一次可以展現自身勇敢精神與堅強意志力的良機。要知道，這對於14～15歲的孩子是一件非常有誘惑力的事情。孩子們把手都舉得高高的，如同森林裡生長的一棵棵參天大樹。在這樣一群自告奮勇的學生的行列中，我看到了米沙的影子。他臉上似乎裝出了一副很無所謂的樣子，而他的眼睛裡也沒有表露出任何的熱情，不過不難發現，他經過了很大的努力才壓制住了各種複雜矛盾的感情在他心裡引起的劇烈波動。

　　我從報名的同學裡面挑選出了十個人，其中就包括米沙，我讓他們下課以後集合並等待進一步指示。

　　很顯然，這樣做會讓同學們的負擔加重，但此次是一種非常特殊的情況。除此之外，出於培養堅毅勇敢的精神以及為了實現偉大理想而奮鬥這一決心的目的，讓這些孩子克服一些真正的困難也是應該的。

　　這些志工非常高興，他們三五成群的來到了集合地點，

只有米沙一個人顯得不是那麼高興。我對他們說，這次的任務不會由老師帶隊，需要靠你們自己獨立完成，所以責任更加重大。我宣布的這個決定讓孩子們的情緒變得更加振奮。

「由米沙來擔任你們的隊長。」最後，我說道。

我原本以為，這個決定肯定會讓孩子們覺得有些驚訝，但讓我深感意外的是，現場響起了一陣非常愉悅的歡呼聲。米沙臉上的表情變得有些嚴肅，不過我從他的眼睛裡看到了一種熱情的力量。

從當天晚上的十點開始，孩子們一直做到了第二天清晨的五點才結束。當然，中途停下來休息了幾次。他們回到家的時候已經是早上七點，但是到了八點又全部到學校來上課了。老師有意識的不向那些參加勞動的孩子提問，但是他們卻把手舉得很高，而且還因為老師沒有提問自己而不高興。儘管孩子們的眼睛幾乎已經無法睜開了，但他們還是努力表現出一副根本就不睏的樣子。

學校也對這個小組提出了嘉獎，學校《大事紀》裡還特地記錄了這次勞動的整個過程。

自此之後，米沙像其他讓我終生難以忘記的那些任性的孩子一樣，開始了自己艱苦、長久而又曲折的轉變歷程。

雖然他仍然像以前一樣，凡是遇到觸及他自尊心的事情

就會變得非常敏感。而當我們偶然忽略了他的這個性格特徵的時候，他就會再一次表現得非常粗魯，誰的話也不聽，有時甚至故意讓別人看到他的缺點，但這樣的情況最終還是變得越來越少了。由於有了相同的目標和意志，教育者與被教育者逐漸聯合在了一起。

在生活中，我們經常會遇到一些人們口中所說的那種無可救藥的孩子，他們會受到身邊人的責備，有時還會惹周圍的人生氣。

我經常回想起幾個最不好管教的孩子的蛻變經歷。有好幾年的時間，他們一直都屬於最難教育好的那一部分學生，可是等到進入社會時，他們全都變成了做人誠實而且熱愛勞動的榜樣。

如今我還是會經常看到我們區裡的一個名叫弗拉基米爾的曳引機隊長。在共同農場裡，他可以說是一位勞動能手。在他的領導下，曳引機隊正在為了爭取光榮而努力奮鬥。每當我看到弗拉基米爾的時候，我都會不由自主的想起他剛剛轉學到我們學校讀四年級時的情景。弗拉基米爾剛來沒多久，老師就說他很可能是難於管教的那一類學生。當時班上的大多數學生正在為兩個少年先鋒隊小隊即將表演的文藝節目而忙碌著 —— 他們正在準備服裝，排練歌曲。儘管這些孩子已經認識了弗拉基米爾，但當時卻沒有一個小隊邀請他前

去觀看節目，於是弗拉基米爾便站在窗戶外面向室內張望。他一邊張望，一邊學著貓的叫聲，把老師和同學全都惹怒了。為了表示對弗拉基米爾進行處罰，老師不准他去觀看文藝節目。

老師對弗拉基米爾的教育就只能做到這一步了，而且為了不讓班級因為他的不良行為而受到影響，老師甚至告訴其他同學們不要接近弗拉基米爾。

弗拉基米爾察覺到大家都在有意的迴避他，便更加想展現自己的機智與敏捷，所以他常常想出各式各樣令人意外的方法來博取他人的關注。

五一勞動節來臨之前，四年級的小隊員被派到森林裡去為即將舉行的營火會預備乾樹枝，並且把弄回來的乾樹枝全都堆放到舉辦營火會的地點附近。接到這個任務的時候，大家很自然的想要將弗拉基米爾排除在外，怕他會故意想出什麼鬼點子來搞破壞。當全班同學乘座三輛大車趕往到森林的時候，弗拉基米爾獨自一人穿越草叢和溝穴向森林跑去。在半路的時候，他不知道從哪裡撿到了一個羊的頭骨，於是他就把自己打扮成了一個非常可怖的怪物，並突然從茂密的樹叢裡鑽了出來，這下可把兩個小女生嚇得不輕。

節日前一天的早晨，村子邊突然冒出一片火光。原來是小隊員為了舉辦營火會而事先準備好的那一堆乾樹枝被點著了。

孩子們非常生氣了，都跑到我跟前憤怒的說道：

「肯定是弗拉基米爾做的，除了他，沒有人能夠做出這樣的事！」

我覺得出了這種事情最大的責任還在於老師，而我作為校長的責任更大。我們全都忽視了弗拉基米爾想要參加各項活動的積極性，以及那種未能得到滿足的強烈渴望，忽視了他由於老師對自己的不信任所採取的雖然無法原諒但卻具有一定合理性的激烈對抗方式。這件事的發生難道不是因為我們的教育工作存在不足所導致的失誤嗎？

在跟弗拉基米爾交談之後，我知道乾樹枝確實是由他點燃的。但這時的他已經不再逞能了，而是開始為自己造成的嚴重後果感到擔心和害怕。自然，如果就這一事件本身而言，弗拉基米爾完全應該得到非常嚴厲的懲罰。可是，如果只是採取一些措施來懲罰他，那不但一定會讓弗拉基米爾與班級的隔閡進一步加深，而且還會促使他又一次透過某些不理智的愚蠢行為來表示反抗。所以我們最終決定暫時不對他的錯誤行為進行處罰。

我與同學們展開了一場談話，勸導他們答應了學校暫時不對弗拉基米爾進行懲罰的決定，因為第二天就要過節了，我們首先需要考慮的是怎樣把營火會所需的乾樹枝運回來。

我對大家說道：「弗拉基米爾犯的錯很嚴重，此刻他已經

理解到了錯誤的嚴重性，願意接受學校懲罰。他希望獨自一個人到森林裡去把那些樹枝運回來。」

　　同學們都同意了這個決定。第一次運樹枝的時候是弗拉基米爾獨自一個人去的，到了第二次和第三次的時候就有很多人幫他一起運，班裡的很多同學都願意當他的幫手。乾樹枝最終再次準備好了。到了開營火會的時候，第一個來到會場的人就是弗拉基米爾，他精神抖擻、心情愉悅。同學們一致推舉弗拉基米爾來劈那些粗大的樹枝，他非常努力的完成了這項任務。

　　在這之後的接連幾天之內，弗拉基米爾都非常積極、非常認真的完成了班級交給他的最累、最沒有人願意做的工作。就這樣，他慢慢的融入到團體生活裡來了。這樣的轉變，不管是他本人還是班上的其他同學都沒有覺得任何的不自然。從此之後，弗拉基米爾旺盛的精力被引向做好事而非做壞事上面來了。

　　一個月之後，學校正式宣布了對弗拉基米爾的處罰決定 —— 一週之內不得參加任何學校組織的活動。大部分同學都希望免除對弗拉基米爾的處罰，但我仍然堅持必須對這一類的過錯予以懲罰的原則。對即將離開團體整整一週的弗拉基米爾，孩子就如同對待一個遭遇了什麼重大不幸的孩子，有一種非常強烈的同情心。弗拉基米爾本人也非常難過，但

他覺得這樣的懲罰是由於他之前所犯錯造成的一種必然的無法避免的結果。剛剛犯了錯之後便馬上予以處罰通常容易由於一時的衝動，由於缺少深入的思考和認真的權衡而做出不合適的決定，而且也會在同學們中間引發騷亂以及強烈的情緒波動。但是這一次對弗拉基米爾進行懲罰就避免了這些弊病的發生。

脫離團體生活一個星期，這樣的懲罰讓弗拉基米爾覺得非常難受，他十分想念團體生活，一週的時間似乎很長，就像永遠都過不完一樣。等到一個星期之後，當弗拉基米爾重新回到班上的時候，同學們簡直將他的回歸當作了一件非常大的喜事。

因此我覺得不管處理什麼問題都要讓情緒平復下來以後再說。假如學生犯的過錯並不大，幾天之後我們就會感到當初的懲罰決定是不合適的，甚至是荒唐的。倘若所犯的錯誤的確需要進行懲罰，那麼不妨先等上一個星期，如果過了一個星期，我們仍然覺得非懲罰不可，那也不算晚。除此之外，即使是非要進行處罰不可，我也堅持要像對待遭遇不幸的孩子一樣，對被處分的孩子採取一種同情的態度。我通常會這麼做：一方面，對於已經發生的事情深表遺憾，但同時又始終堅持貫徹一個原則，就是與犯錯的那個孩子保持一種高尚、純潔、平等的人與人之間的關係。如果這麼做的話，

就能讓犯了錯的孩子將處罰視為一種必要的措施，從而對自己的不良行為產生深刻的認知，真正將自己所做的壞事當作一種錯誤。

給予孩子無微不至的關心與愛護的真正含義，並非原諒他們所有的錯誤和缺點，也不是針對他們所犯的錯誤展開無休止的說教與批判。不對孩子今後的前途進行認真考慮，只是一味的發善心，事實上就是用一種漠然而不負責任的態度來對待他們。真正細膩入微的關懷，應該是培養孩子高尚的道德品格，並且讓這些高尚品格不斷得到鞏固。

第二節　引導孩子主動、自覺的改正錯誤

倘若我們在兒童犯錯的時候只是予以警告和制止的話，那麼當他們走出校門步入社會的時候，就必然會變成意志力薄弱的人。在引導孩子步入正確的生活軌跡上時，需要做到：既要讓他們在成人或是集體的引導下，邁出人生中具有重大意義和關鍵作用的步伐，又要讓他們具備獨立前行的能力，讓他們認為自己擁有可以克服任何困難的力量。

有一位負責教一年級的老師，在剛開學的幾週時間裡，發現自己班上一個叫維佳的孩子有偷竊小東西的習慣。這個

下篇：要相信孩子

小男孩先是在沒有告知的情況下拿走了一個小女孩的玩具，後來又拿走了放在教室櫥櫃裡的玩具球。應當怎麼做呢？當著全班同學的面揭穿他，指出他的錯誤和問題所在，然後帶領所有的孩子對他展開嚴厲的批評？可是，針對偷東西這件事來說，無須孩子們去批評他，維佳自己就很清楚，這樣做是不對的。

所以我們在這之後的幾年裡，在展開教育教學工作過程中，時刻留意替維佳創造一個合適的環境，以便讓他時常有機會在不同的兩種行為場景中做出選擇：要麼為了維護團體的利益而選擇高尚的、誠實的行為，要麼就選擇不道德、不誠實。所有這一切都需要靠這個孩子自己來做出選擇。做壞事不需要費什麼力氣，但是大家馬上會因此而指責他 —— 維佳是個做壞事的孩子。培養高尚的品德就的確要更難，而且要難很多，但同學們因此能夠發現他的長處，還會稱讚他。

按照老師的提議，一年級的同學們每個人都存了幾個戈比，大家把錢湊在一起，準備訂一份與兒童有關的報紙，老師將收錢與保管錢的工作交給維佳來做。在正式辦理訂報紙手續之前的幾週內，維佳始終都把錢放到了專門在上衣內側上縫製的一個口袋裡，並一直隨身攜帶。老師注意到，維佳付出了很大的努力才讓自己對這些錢分文不動 —— 最終他戰勝了擺在自己面前的五花八門的誘惑。到了去郵局繳錢的那

天，維佳滿臉都是笑容 —— 因為這些錢保管得非常好，一分都沒少。

這之後老師又交給了維佳一個任務，把報紙從櫥窗上取下來，然後裝訂好。為此，老師好幾次當著全班同學的面表揚了維佳，每一次表揚都讓他感到無比喜悅。

進入二年級以後，有一次，有個小男孩的手鋸上不見了幾根鋸條。會是哪個人偷偷拿的呢？誰也不知道。後來老師有事到了維佳的家裡，正巧遇到他在鋸東西，身邊的桌子上還放著幾塊夾板。老師一句話也沒說，但是維佳卻表現出非常窘迫的樣子，臉也馬上紅了起來。

第二天老師向同學們發出了一個倡議：收集廢銅廢鐵，然後用賣來的錢買小鋸條。孩子們非常高興的做起了這件事。維佳做得尤為賣力。最後他撿來那份可以換三十根鋸條。這時老師又對同學們說，誰用廢品換來的鋸條多，可以分出一些給那些因為沒能搜集到廢銅廢鐵而無法分到鋸條的同學。維佳聽了之後，馬上把自己的二十五根鋸條拿出來送給了那些同學。

這件事情過去之後，維佳不管是獨自一人或是跟同學們一起待在工作室裡的時候，都沒有再帶走過鋸條或是夾板等公用的東西。到了夏天，學校進行行軍活動時，維佳多次被老師指派去看管同學們的衣物，他也從來都沒有辜負過大家

對他的信任。

進入三年級以後，全班所有同學的彩色鉛筆都交給維佳來保管，而他對大家的東西也保管得非常細心。

但是到三年級快結束的時候，維佳又犯了一個錯，他從班裡的公共畫冊（這本畫冊收集了每一個小隊員的畫作）裡撕下來了一張空白的畫紙，並用它畫了一幅畫，而且還將這幅畫掛到了自己家的桌子旁邊。倘若犯這個錯的是其他同學，也許還可以透過取消他參加某一次團體活動的資格來進行懲罰。但對維佳這麼做卻不太合適，因為他這個人沒有強烈而穩固的個人榮譽感。當眾譴責他只會讓他更加遠離團體，對於他展開內在對抗的積極性也會造成嚴重打擊，而他能夠把這種積極性一直保持住已經是一件很不容易的事了。

於是老師在放學後把維佳留在了教室，和顏悅色的帶著一種善意的口吻向他說明，這樣做是不會受到允許的。在老師的開導之下，維佳不但把撕下來的那一頁重新貼回了畫冊裡，而且另外畫了一幅很漂亮的圖畫作為這本畫冊的封面。維佳把一切都做得非常好，因此又獲得了老師的表揚。但是對於這一次表揚，維佳更多的是感到慚愧而非喜悅。

在老師對維佳提出表揚的時候，他的臉紅通通的，不敢把頭抬起來面對同學們 —— 老師就是這樣一步一步的建立並強化了維佳的榮譽感。老師這種孜孜不倦的用心付出，最終

獲得了極大的回報：有一次，維佳在院子裡玩的時候撿到了用紙包裹著的兩個盧布，他緊緊握著撿來的錢，飛也似的跑進了教室，激動的向大家問道：「這錢是誰掉的？」

可是進入五年級以後，維佳又一次犯了一個很嚴重的錯誤 —— 他偷偷拿了班裡一個同學的冰刀鞋，當老師來到維佳的家裡見到他的時候，他立刻就哭了，並告訴了老師冰刀鞋的藏匿地點 —— 菜園內的一堆稻草裡面。但是他請求老師不要將此事告訴別人。

「我肯定會親手把冰刀鞋放到教室走廊的窗戶上面。」維佳說到。很明顯，孩子已經清楚的認知到自己所作所為是錯誤的。可是要想培養孩子應該具備的優秀品格，只停留在這一方面還是遠遠不夠的。當時學校正要舉辦滑雪比賽，老師知道維佳肯定能夠在比賽中獲得好名次。果不其然，維佳成為第二個衝過終點的人。在隆重喜慶的氣氛中，獲得前三名的同學都得到了獎品 —— 一副嶄新的冰刀。維佳激動的接過冰刀，並馬上就安到了自己的鞋上，然後就衝向了已經結冰的池塘。

後來，維佳與其他的小隊員共同輔導一年級的小同學學習滑冰。他發現跟自己學滑冰的那個小男孩和冰刀真的是難捨難離，因此他盡自己最大的努力不去向小徒弟把冰刀鞋要回來。

下篇：要相信孩子

又有一次，當維佳從小徒弟手中接過冰刀鞋時，看見他的眼睛裡竟然滿含淚花。徒弟的傷心的淚水讓維佳深受感動，他於是提議道：

「要不我們把冰刀鞋平分吧，你要一隻，我要一隻。」

小徒弟非常高興，但維佳卻馬上覺得心裡很不是滋味，可是他又感到已經送出手的禮物再想要回來已經是不可能的事情了，於是只能黯然傷神。此時老師來到了維佳跟前，勸他將另一隻冰刀鞋也送給小徒弟。

維佳難過得幾乎要大聲哭出來了，但他仍然強忍著淚水，按照老師的意思做了。老師對維佳難過的心情表現出一副全然不知的樣子，但同時卻盡最大努力想辦法幫助維佳培養一門新的興趣。正好此時物理技術小組想要出一期幻燈式的壁報，於是便請維佳幫著在玻璃上畫幾幅畫。維佳果然立刻就被新任務吸引了注意力。這之後，小徒弟還時常將冰刀鞋讓給維佳用，但維佳一用完就會馬上還給他，他再也不會像當初將冰刀鞋送給小男孩的時候那樣心疼得難過不已了。

從這件事發生之後，一直到從中學畢業之前，老師們再也沒有發現維佳產生過將他人的財物據為己有的想法。每個學年，老師都會鼓勵維佳去做一些充滿集體主義精神、道德品格高尚的事情。例如維佳在每個暑假都能夠賺到 300 ～ 400 盧布，關於這些錢的用途，除了用於替自己買教科書、

衣服和鞋襪之外，維佳從來都不會忘記自己那個小徒弟，他也總會幫小徒弟也買上一些諸如圖畫本、色筆、顏料、球以及電動玩具等禮物。

在學校度過的最後一個學年，維佳與自己班上的同學一起動手做了一個小型旋車床，但是由於沒有馬達，導致車床無法轉動。當時一個馬達需要花費 300 盧布，而學校卻無法負擔這筆錢。在事先沒有通知或未與任何人商量的情況下，維佳就用自己暑假賺來的錢購買了馬達並且帶到了學校，而且他還請求老師不要讓同學們知道這件事。

這就是一個孩子從兒童階段到少年階段，再到青年階段在心理建設方面進行積極對抗所獲得的有益成果。自始至終，知道維佳祕密的人只有老師，至於同學們見到的，不過是他經過艱苦對抗、克服重重困難之後所做的一件又一件好事罷了。這是在教育像維佳這樣的一個學生個體時，我們能夠採取的唯一的、正確的方法。

在我看來，但凡是兒童，就沒有不願意成為好孩子的。所有壞的事情總能夠讓他們感到苦惱和難受，可是孩子年齡小，還不知道如何讓自己的精力步入正軌。一個敏銳、細心的關愛、呵護孩子的老師就應當在這些方面為他們提供幫助。所以我想向所有年輕的老師和輔導員們發出號召 —— 大家一起來做一個善於培養兒童良好道德品格的創新者吧！身

為老師，我們都應該像果園裡的園丁一樣，去精心的照料那些嫁接在野生植物砧木上的果樹，呵護它的每一根枝條，每一片葉子——關愛和保護孩子們身上所具有的一切美好的特質。不管在任何情況下，都不要急著去揭穿孩子那些不好的、錯誤的行為，不要急著把孩子身上所有的缺點都公之於眾，而應該讓孩子發揮自身內在的精神力量以來克服這些缺點。我們要讓大家見到的，首先就應該是這個孩子身上的優點，這才是教育藝術的真諦。

第三節　不要輕易對孩子進行懲罰

懲罰是一種具有很強的敏感性、同時也存在著一定危險的教育方法。很多教育工作者在使用這種方法的時候經常會犯錯。通常來說，孩子對成年人加諸在自己身上的不公平是非常敏感的，哪怕這種不公平是極小的也不例外。同時，他們對於「公平的」、「不公平的」、「好的」、「壞的」的概念也都有自己的判斷。對於孩子們的這些概念，老師在教育和教學過程中必須加以考慮。有時老師自己覺得是很輕的懲罰，但在受懲罰的兒童看來卻對他是很不公平的，所以他會感到萬分委屈。其實，只要對事情進行仔細分析，我們往往就能

發現孩子的確有他正確的一面，全班同學都會站在他這一邊，老師的懲罰很明顯是站不住腳的，當然也就會讓人感到不公平了。

事實勝於雄辯，學校施加給學生的懲罰百分之八、九十都是不公平的。正由於絕大部分懲罰都是不公平的，因此學生們就產生了這樣一種看法，他們認為懲罰這種行為本身就是不公平的，學生們只能被迫忍受罷了。

不公平的懲罰通常都是從很小的事情開始的。例如學生們因為經驗不足和無知而在不知不覺間做了一些不好的事情，老師便錯誤的對他們大發雷霆。在我剛剛開始參與教育工作的幾年間，也曾經犯過類似的錯誤。我記得在我進入學校擔任老師的第一年，曾經教過一個特別聰明而且成熟，只是有些過於活躍 —— 也可以說是太淘氣的名叫斯捷帕的孩子。

有一次，斯捷帕不小心把教室裡的一株玫瑰花弄斷了。這株玫瑰花是全班同學都非常珍愛的，所以，我對著他大喊大叫，說他是個沒心沒肝的人。總而言之，我用盡了辦法想要對他形成觸動，甚至是刺痛他。後來，班裡的孩子們又搬來了三盆花，每天精心的照顧它們，但由於我的參與，斯捷帕被排除在這項團體活動之外。從那之後，斯捷帕就不像以前那麼愛說愛笑了，也不再淘氣了。起初我還覺得這是一件

好事，是由於我對他的教育發揮了作用。但到了後來我才終於明白，這樣做的時間越長，斯捷帕就越覺得對他而言很不公平。因為他完全是由於不小心才折斷花枝的，而且他已經感到非常後悔，並且願意透過任何的努力來彌補自己的錯誤，而我卻完全忽略了孩子希望改正自己錯誤的想法。不僅如此，對於孩子那種真誠的、純潔的想要悔過的情感，從所謂的「教育的功能與作用」出發，向他潑了很多冷水。但是所有這一切都是我在好幾個星期以後才明白的。詳細情況是這樣的：

有一次下課之後，我在教室裡留了下來，斯捷帕也待在教室裡繼續寫一項沒寫完的作業。當他突然發覺教室裡只剩下我和他兩個人的時候，便立刻感到窘迫，於是他急著要趕回家去。我當時並未留意他的情緒變化，若無其事的要他跟我一起到草地上去採野花，他很不自然的對著我苦笑了一下，然後眼淚就像斷了線的珠子一樣流了下來，而且趕在我前面飛快的往家裡跑去。直到此時，我才徹底明白，我此前對他施加的懲罰給他帶來了多麼大的痛苦。

這是讓我得到教訓的眾多實例之一，這些實例讓我相信：懲罰這種方法用過之後禍福莫測，是最靠不住的方法，能不用最好不用。

不管孩子所做的壞事後果有多麼嚴重，只要他不是故意

為之，就沒必要對他施加懲罰。孩子們在生活中真正故意搗亂的情況是極少見的（一百個孩子裡面未必有一個是成心想要做壞事的），所以也只有在極特殊的情況下才能對學生施加懲罰。

　　所以到了後來，我對於無心做了壞事的孩子一律都會用諒解的態度來對待。這就深深的打動了他們極為敏感的帶有自尊感的內心，並激發出他們內心深處想要改正錯誤的積極性和堅定的決心。這樣做的結果就是：孩子們不但為自己所犯的錯誤感到非常後悔，而且還會透過採取積極的行動來改正自己的錯誤。

　　有一次，五年級的兩個學生 —— 柯斯佳和根納季，這兩個孩子在院子裡跑著玩的時候，把一棵小蘋果樹碰壞了。這棵蘋果樹是兩年來同學們一直都在精心照顧的。到了教室以後，我坐到了桌子旁邊，想著該怎麼說才好。而柯斯佳和根納季則主動站到了黑板前面（儘管誰也沒有讓他們倆這麼做），臉色煞白，一副不知所措的樣子。三十雙眼睛都在盯著他們，不過同學們的眼神中並沒有責備和惱怒的意思，有的只是對他們的同情。在一個團結友愛的班級中，這也是一種很正常的表現：朋友遇到了傷心事，自己當然會同情他。在這樣的情況下，難道還非要當著大家的面，對這兩個惹了禍的孩子施加懲罰嗎？那是不會有什麼作用的。

下篇：要相信孩子

．

於是我就讓兩個孩子回到了自己的座位。我對剛剛發生的事情表示了遺憾，然後對所有人說大家應該一起想一個補救的措施。我對孩子們說即使是夏季也可以進行樹木的移植，只是需要進行特別細心的照顧。我的話剛說完，立刻就有孩子表示願意嘗試一下，也就是在原來的地方再種一棵新的蘋果樹。下了課之後，班上的同學們就和柯斯佳、根納季一起到苗圃去了，在那裡，他們挑選了一棵小蘋果樹的樹苗，並非常小心的將它運到了學校裡。

從此之後，沒有人再向柯斯佳和根納季提起過這件事，也沒有人逼迫他們兩個必須照顧好新栽的那棵小蘋果樹，但是他們兩個卻成為最愛護、最關心樹木的好孩子。秋天的時候，他們替春天時種在學校裡的全部樹木的根部都培上了一層土，還把樹上的害蟲都消滅了。他們的勞動熱情如此高漲，難道只是由於這兩個孩子深刻認知到了自己所犯下的錯誤嗎？並非如此，起碼不完全是這樣。將他們的勞動熱情激發出來的最重要因素就是大家對兩個孩子的體貼、信任和關護。

在有些時候，原諒對一個人的精神造成的觸動遠遠要比懲罰更為強烈。

……有一年，學校的少年先鋒隊開闢出了一塊高產玉米田。孩子們在土地裡施了肥，還準備了積雪用的攔雪板。到了冬天，孩子們就把攔雪板分別插到了玉米田裡，每次一下

完雪之後就會派一名隊員重新去插一次。這件事情做起來並不難，但需要具備一定的責任感。有一次輪到一個名叫柯利亞的同學去做這件事。這個孩子平時很謙虛而且又喜歡勞動，誰都沒想到他居然沒有完成這個任務。不過我事先已經發現他那天一整天都在滑冰，直到傍晚時分，我向他問道：

「你重新插過攔雪板了嗎？」

「已經重新插過一遍了。」柯利亞支支吾吾的回答道。於是我便一點也沒有懷疑 —— 他肯定因為玩得著了迷而忘了做這項工作，所以只好向我撒謊。

「那我們一起去看一看吧！讓我看看你把攔雪板插得好不好。」我在說這些話的時候，似乎是在暗示，假如他插得好的話，就會受到表揚。

柯利亞拖著沉重的腳步跟我一起來到了玉米田。攔雪板還插在老地方。柯利亞把頭低了下來，很難為情的在我面前站著，不知道該怎麼辦才好。這是柯利亞幾年來頭一回撒謊。導致他犯下這個錯誤的原因是他過於喜歡滑冰了。我們兩個同時保持了片刻的沉默。然後我突然對第一次陷入這種尷尬境地的柯利亞產生了同情之心。他顯得那麼手足無措，顯得那麼可憐，他用祈求的眼神看著我，想獲得原諒。我朝著他微笑了一下，然後裝出一副並未發現他對我撒謊的樣子，向他提議道：

「柯利亞，我們兩個再把這些攔雪板插一次好不好？你看，現在不是又下了很多雪嗎？」

柯利亞彷彿卸下了心底的一塊大石頭一樣長吁了一口氣，然後立刻敏捷的重新插起這些攔雪板來。柯利亞不一定會相信我真的沒有發現他撒謊的事情，但是他明顯感覺到老師因為理解了他的苦衷而選擇原諒了他。當時我這麼做更能讓他加深對自己的錯誤認知，與揭穿他說謊這件事相比，缺少對團體工作的責任感的危害要嚴重一百倍。柯利亞將攔雪板又依次重新加固了一遍，甚至連一個個小土坡都沒有放過（此時風已經將堆積在土坡上的雪都給吹下來了）。做完這些工作以後，他就鬥志昂揚、精神抖擻的從玉米田走了出來，並且將自己開心與懊悔的事情全都一一告訴了我。當我們從學校園圍旁邊經過時，柯利亞發現裡面一些幼苗的小尖從雪裡露了出來，便對我說道：

「需要用雪將它們蓋上，因為可能會有更大的寒流到來。」

希望大家不要誤解，我們並不是一味的主張對犯了錯的學生進行遷就，更不可能從根本上反對懲罰學生。懲罰也是一種非常有用的教育方法。但是如果不慎重施行懲罰的話，那麼通常會讓集體受到損害，進而出現學生「團結」起來共同跟老師唱反調的情況。這種情況最開始出現的時候，學生通常覺得大家團結起來只是為了反對老師某些不公平的做

法，而這樣做是為了維護班級的正當利益。大家都了解，在低年級的時候，從來不會出現學生聯合的現象。孩子們坦誠的、真心實意的願意將其他同學的錯誤行為報告老師，犯了錯的孩子與向老師報告的孩子也不會起什麼爭執。而坦誠的向老師彙報情況的孩子也不會被其他同學成為「小密探」、「打小報告」，或是被贈予其他一些具有侮辱性的外號。這些外號基本上都是在「聯合」現象出現之後才進一步產生的。

一個名叫斯拉瓦的二年級學生在課間休息的時候故意絆倒了柯利亞，使他摔倒在地。柯利亞因此受了一點傷，於是便哭了起來。正在氣頭上的柯利亞覺得非常委屈，就跑到了老師那裡去告斯拉瓦的狀。這件事情發生在課間休息剛剛開始的時候，但等到課間休息即將結束時，柯利亞不但已經不再生氣了，而且早就將自己所受的委屈拋到了腦後。他與斯拉瓦開始互相追逐打鬧起來，柯利亞連續兩次用腳去絆斯拉瓦，並隨意的用手捶了一個一年級小朋友的背，同時還拉了旁邊一個小女生的辮子。當然老師可能沒有見到所有的細節，可是她必須要了解每一個同學的狀態。她應該明白柯利亞向自己告狀的無非是希望聽老師對自己說一句「斯拉瓦這樣做是不對的」──柯利亞其實沒有其他的意思。

但是老師卻沒有想到這一點。她覺得自己應該對斯拉瓦的行為做出懲罰，因此當課間休息結束之後她便開始在課堂

下篇：要相信孩子

上教訓斯拉瓦，她問斯拉瓦為什麼要絆倒自己的同學，以後還會不會做這種違反學校紀律的事情。斯拉瓦一句話也沒有說。對於老師提出的這些問題，一個孩子的確沒有辦法回答。其他的同學用一種同情的眼神看著斯拉瓦，有些孩子還會時不時的向柯利亞看去。他們的眼神顯得很焦慮，帶著一種對柯利亞的埋怨。柯利亞覺得自己成了讓斯拉瓦受到懲罰的罪人。因此當斯拉瓦難受得哭出來的時候，他也跟著一起哭了起來。

對於斯拉瓦 —— 這個犯了錯的同學流下的眼淚，老師覺得非常滿意，但事實上斯拉瓦並非由於良心受到譴責而哭，而是因為覺得老師冤枉了自己而傷心落淚。

這件事情發生之後，這個班裡再也沒有人向老師告狀了。同學們都會盡最大的努力「不出賣」那個闖了禍的同學，就算他闖了很大的禍，大家也都會互相包庇。這樣就逐漸形成了一種學生聯合對付老師的形勢。時間一長，這種在錯誤根基上建立起來的不健康的「團結」變得日益牢固，並且逐漸將那些嚴重的、絕對不被允許的行為也向老師隱瞞了。

不管促使學生互相包庇的事實是什麼，歸根結柢，產生這類情況的原因是老師沒能正確的採用懲罰這種極具敏感性的教育方式。

有些時候，老師還想讓班裡的大部分同學支持自己對某

個學生進行懲罰，讓犯了錯的孩子覺得受到了輿論壓力，甚至企圖打著集體的旗號來懲罰某個學生。這樣的方法通常會產生很多危害，因為這只會讓兒童在自己貧乏的社會生活經驗中增加了一種含糊不清的是非觀念。假如可以讓孩子從低年級開始就學會如何從各種不良現象中發現其他同學的錯誤，並努力的幫他們其糾正錯誤，那麼效果就會好很多。當然這些幫助之中也能夠包含一些譴責的成分，但是這樣的譴責一定要是善意的，不能夠讓兒童覺得受了委屈。

經驗豐富的老師通常善於利用班級已經擁有的條件，讓全班的同學對不良的行為進行善意的、恰如其分的批評。

一個名叫別佳的三年級學生在上學時經常遲到，他的媽媽每天早晨五點鐘去上班的時候，總是會把鬧鐘的指針撥到七點，然後放到兒子的床邊。但是別佳每一次被鈴聲吵醒之後又會再次睡著。老師多次找別佳談話，勸他學會自我管理，卻沒有收到任何效果。後來，班裡的同學都知道別佳有這樣一個喜歡睡懶覺的毛病。於是老師就發動全班的同學一起幫助別佳改掉遲到這個壞習慣。老師把遲到當作別佳面臨的一個困難，並號召大家為別佳提供幫助，老師非常巧妙的向同學們提到了惰性這個問題。同學們領悟了老師的意思，於是積極的展開行動。他們每天早上都到別佳的家裡，在門前的走廊等著鬧鐘響起，一聽到鈴聲，他們就會立刻敲打別

佳的窗戶，然後一齊大聲喊道：「趕快起來吧別佳，鬧鐘已經響了！」

這樣善意的幫助所獲得的效果比任何一種懲罰都要好。班裡的同學沒有任何惡意的跟別佳開起玩笑，這其實已經成了另外一種形式的嚴肅的批評。它能夠對別佳的自尊心造成觸動，但又不會讓他覺得自己受到了侮辱。最終他總算學會了在不使用鬧鐘、不讓同學們協助自己的情況下按時起床。

有個五年級的學生名叫阿納托利，他在上課的時候不認真聽講，總是偷偷的從衣服口袋裡拿出幾個火柴盒，玩搭小房子的遊戲。有時盒子裡還會發出一些奇怪的響聲，原來裡面裝著阿納托利捉到的各種小昆蟲和蝴蝶。班裡的同學對阿納托利弄的這些小玩意非常感興趣。所以我們根本就不可能讓他們對自己覺得有意思的、吸引人的事情去進行責備。恰恰相反，不少的同學都效仿起阿納托利的行為來。

一定要想辦法讓班裡的同學對這種情況進行真心誠意的批評。

所以我就走進教室，像是無意間與同學們聊起阿納托利似的，我說：「阿納托利在課堂上覺得很寂寞，因此他才會每天帶著各式各樣的玩具來解悶，不過看上去他的玩具並不多。你們誰能幫他的忙呢？如果誰的家裡有多餘的玩具，明天可以全部帶到學校裡給他玩。小女生們，妳們也可以幫他

做個布娃娃，或許你們親手做給他的玩具能夠讓他感到更加開心。」我在說這些話時儘管使用了一種嚴肅的語調，但孩子們完全能夠明白：如果按照校長的話去做，必然會讓阿納托利處於一種可笑的境地。大家對此非常感興趣，果然從家裡帶來了很多的玩具，例如小口哨、小盒子、波浪鼓和布娃娃。

此前可以讓阿納托利解悶的火柴盒，現在只能讓他感到懊喪和煩惱了。因為他已經察覺到同學們都在取笑他，於是再也不將沒有必要帶到課堂的東西帶來了。

綜合以上幾件事，我想對年輕的老師和輔導員們說以下幾句話：不要急著懲罰學生。應該慎重的思考一下，是什麼原因讓孩子去做了這樣或那樣的事情。你們要讓自己置身於兒童的境地，只有這樣，你們才能相信兒童是可以透過自己的努力來改正自己的錯誤行為的。

第四節　集體對個人的威力

倘若一個集體能夠表現出良好的道德風貌，並將此作為自己的驕傲，那麼生活在這個團體中的孩子也會主動、自覺、努力的去爭取讓自己在各個方面拿出良好的表現。

下篇：要相信孩子

　　學校會對一個集體整體的道德面貌進行某種評價，這也是讓這個集體努力去爭取良好表現的最大動力。在這種評價的激勵和鞭策下，每一個孩子似乎都能夠清楚的認知到自己是這個團體之中的一分子。

　　有這樣一個班級的學生，他們從一年級下半學期開始，就與其他同年級的班級互相檢查練習冊、教科書以及其他學習用品。每一天，兩個班的孩子都會互相檢查彼此的書包和放練習冊的夾子。他們對教科書的檢查特別仔細和認真，要看書中是否有墨跡、汙損，是否放置了書籤。

　　幾年以前，每次進行這樣的檢查時，大家總是會向一個名叫莉達的女生提意見。因為她不是把教科書的封面弄得到處都是墨跡，就是將鋼筆夾到了書裡 —— 而不是放進文具盒裡，再不然就是家庭作業寫得非常潦草，練習本上有很多墨水痕跡。檢查完成以後，女老師通常總會講一講，同學們互相指出來的錯誤和缺點應當如何去改正，在這位老師的持續努力下，大家知道了莉達這樣粗心大意的學習態度對班級的榮譽造成了很壞的影響。但是，老師的教育對莉達來說卻沒有產生任何作用。至於班裡其他的孩子，對於本班有這樣一個幾乎每天都被老師批評的同學也是不聞不問、漠不關心。

　　女老師覺得自己非得改變目前的教育方法不可。於是她在對檢查結果進行總結的時候，便不再將受到批評的同學的

名字點出來，而是這樣對班裡所有的同學說道：

「同學們，今天我們班只有兩位同學應該受到批評，如果不是由於這兩個人的話，我們班原本是能夠在比賽中贏得第一名的。」

對於老師的這種說法，孩子們的反應是完全不同的。他們開始對這兩個比較差的學生發出質問，「為什麼你們的練習冊上總是會留下墨水點？」或是問「為什麼你們的書總是這樣亂成一鍋粥？」等等。到了課間休息的時候，同學們請求這兩位同學以後務必要努力完成作業，不要再弄髒自己的書和練習冊。就這樣，在班級中第一次產生了團體榮譽感。從這之後，莉達每個月都比上一個月表現得更加認真、更加仔細，到了這一學期快結束的時候，莉達所在的這個班每一天都能夠在不同的比賽中贏得第一名。

有一次，學校組織少年先鋒隊員們展開積肥活動。他們以中隊為單位展開了比賽，並規定了獲勝的標準：每個中隊的所有隊員都要參加本次活動；每人平均積肥量最高的那個中隊獲勝。有一個中隊儘管平均積肥量要比其他的中隊高出一大截，但是由於有一個男孩沒有參加這次積肥活動，因此這個中隊不但沒能成為比賽的勝利者，反而還排在了這次比賽的最後一名。

在對比賽的結果進行總結時，少年先鋒隊的輔導員說，

由於一名隊員的懶散，讓整個團體的排名落到了最後。他並未提到這個讓班級榮譽受到損害的孩子是誰，但是孩子們聽到這些話之後就已經心知肚明了。於是他們便責備這個孩子說：「為什麼你不去參加積肥活動呢？你看，因為你一個人的緣故，讓我們的臉都丟盡了。」孩子們口無遮攔、簡單直接的幾句責備，對這個小男孩造成了深深的觸動，也讓他第一次產生了強烈的感覺到自己是這個團體之中的一員。自此之後，他萌生了想要表現得好一些的渴望。

下面這個事例能夠證明他的確是這麼想的，一個半月之後，一次撿廢鐵的比賽開始了，獲獎的標準與上一次的積肥比賽完全一致。這個小男孩用自己的小雪橇拉來了二十公斤的廢鐵，還運過來了一盞破舊的、不知道從哪裡撿來的銅燈。第二天，小男孩又拉來二十公斤廢鐵，並且叮囑道，先不要幫他登記。少年先鋒隊的輔導員很好奇的問道：「為什麼不要登記呢？」

孩子向輔導員解釋道：「如果誰忘了把廢鐵帶到學校來，就把這一份送給他，登記時也寫他的名字就好了。」

倘若一個集體裡所有的孩子能夠覺得大家是一個整體，那麼這樣一個集體就能夠變成一種非常強大的教育力量。這種力量之所以強大，並不是因為它可以批評和懲罰每一個團體的成員，而是在於它會把所有好的、壞的東西都當作自己

的，並且能夠為所有不好的行為承擔相應的責任。

　　有一個少年先鋒隊中隊曾經發生了這樣一件令人感到不高興的事情。那是放春假期間，孩子們幫助農場的社員準備向日葵的種子。有個小男孩在衣服口袋裡裝滿了葵花籽，想要帶回自己家裡去。這件事情是在孩子們回家之前的那段休息時間發現的。輔導員親眼看到了，大家也都注意到這個小男孩的口袋不知為何變得鼓了起來。輔導員還看到：有個好奇的女同學走了過去，在小男孩的口袋裡伸手一抓，就掏出了一把葵花籽。這件事讓大家都覺得窘迫。孩子們沒有足夠的魄力當著社員的面揭發自己的同班同學，他們將這個小男孩叫到旁邊，讓他自己悄悄將葵花籽全都倒出來。

　　返程途中，大家一語不發。輔導員清楚的發現，孩子們除了義憤之外，還埋怨這個同學讓所有人感到了很大的委屈。

　　又過了幾天以後，老師和輔導員都確定，孩子們好像有點不好意思再談起這樣一件不得體的事情，因為它的影響確實太惡劣，太需要對他進行懲罰了。最後在說起這件事的時候，中隊委員會主席說道：

　　「我們早就對他做出懲罰了。春天的時候，他不能跟我們一起再去果園參加活動了。」

　　原來，每年的春、秋兩個季節，同學們都要到農場的果

園去參加勞動，如今班級已經做出了決定：不讓那個犯了錯的同學跟他們一起去果園勞動。

執行這項懲罰的時間，實際上是在三個月之後。但是孩子們誰都沒有忘掉這件事。當全班同學都在果園裡參加勞動的時候，犯了錯的小男孩小心翼翼的來到同學們身邊，但是誰也沒有邀請他一起去勞動。

不久之後的一天，孩子們正在準備參加星期日義務勞動的各項工作，當時大家只顧著討論那一天的勞動計畫，誰都沒有注意到這個小男孩。他一直在旁邊坐著，認真的聽著大家熱烈的討論。後來他就走到前面膽怯的問道：

「明天你們能不能帶我一起去？」

大家一致決定帶他參加這次勞動。他們一起跑去向輔導員求情：

「以後他肯定再也不會拿任何東西了，我們願意為他做擔保。」

輔導員還能說什麼呢？當然只好答應隊員們的請求了。於是小男孩得到了與全班同學一起去果園摘水果的批准。而這一次他也的確沒有辜負大家對他的信任。

孩子們能夠提出願意為這個小男孩做擔保，是由於他們已經意識到：這個小男孩上一次的行為是不體面的，是一種

過錯。而對於犯了錯的孩子而言，團體是可以對他進行保護
的，而且可以對他的精神造成觸動。他也因此明白了自己的
命運是由團體來決定的。正是由於這個原因，那個孩子在犯
了錯之後才會努力爭取不再辜負團體對自己的信任。

　　在我們學校，曾經有一個名叫瓦利亞的調皮小男生。他
做的淘氣事，有時甚至已經超出了限度 —— 對同學們安安
靜靜的學習造成了影響。比如有一次在上勞動課的時候，當
他把漿糊瓶分別放到每張課桌上時，他就故意往女生的漿糊
瓶裡倒進一些水。漿糊被水沖稀了之後看起來跟正常的漿糊
沒有什麼區別，但卻怎麼也黏不住。女生們怎麼努力也黏不
上。瓦利亞和他的夥伴們卻在旁邊偷笑。

　　就這樣，女生們直到下課都沒有弄明白，她們沒能完成
作業的原因究竟是什麼。等到課間休息的時候，大家才明白
又是瓦利亞做的壞事。孩子們將他包圍在中間，瓦利亞只好
承認這件事是他做的。女生們決定按照自己的方式來教訓一
下這個總是瞎胡鬧的小男生。她們揪了他的耳朵，還打了他
好幾下。老師對這些當然是一無所知的。儘管他多次追問誰
是真正的肇事者，但大家卻什麼都沒有說。等到快下課的時
候，他們才說，應該是錯把壞了的漿糊倒進瓶子裡了。

　　過了一個月，瓦利亞又做了一件壞事。他偷偷的將粉筆
末撒進了四瓶墨水裡面，讓好幾個同學只能被迫在上課的時

候去找老師。老師宣布說，必須要讓瓦利亞把自己的家長叫到學校裡來。這一下嚇得瓦利亞哭了起來。同學們明白瓦利亞的爸爸肯定會狠狠的責罰他，因此又找到老師為他求情：

「請老師不要讓瓦利亞的爸爸來學校吧！他以後再也不做任何不好的事情了。」

老師明白，如果答應同學們的請求，既不會讓瓦利亞受到過於嚴厲的責罰，又能夠增強他以後對班級的責任感，所以，雖然後來瓦利亞的爸爸還是來到了學校，但老師對瓦利亞所做的壞事卻一個字都沒有向他爸爸提起。

這件事情過後，在瓦利亞的身上發生了很明顯的變化。有一年夏天，班裡的所有同學到海邊去游泳，有個男生突然想了一個壞主意，想要跟班裡的同學玩一個惡作劇。他弄來了很多蕁麻的葉子，埋到了大家一會要躺下去晒太陽的那片沙子裡面。瓦利亞看到了，他將那些扎人的蕁麻葉子從沙子裡一一撿出來扔掉了。另外他還做了其他一些好事，例如他親自動手做了幾根釣魚竿，並把它們送給了同學。又如當班裡的同學們都跑到村子邊去看降落在那裡的飛機時，他就主動要求一個人留在學校裡值日。

一個團結、堅強的班級，即使是面對最嚴重的錯誤，有力量去承擔責任。在這樣的情況下，犯了錯的孩子或少年通常能夠深刻的認知到自己的行為是多麼的錯誤，並且會因為

集體幫助自己意識到這個錯誤而充滿了感激之情。請看下面這個事例。

今年十六歲的少年阿納托利在上九年級的時候轉到我們學校。但是我們發現他站在了集體的對立面，他總是不願意面對班裡的同學，對於全班都感到激動和興奮的事情，他也從來不會發表自己的意見，對於團體勞動，即使參加，也總是很勉強。後來他說自己想學一門技術，但是學得也很是不主動。

讀完九年級之後的那個暑假，阿納托利在農場參加生產勞動實習，擔任了曳引機操作者的助手。有一次，曳引機操作者請他為中耕機的零件上油，但他卻沒有做。直到兩天後中耕機無法啟動的時候，阿納托利才被迫承認自己沒有替零件上油。曳引機隊的隊長請求召開會議來討論這件事，並且對犯了錯的人進行處分。

會上，大家討論得很激烈。大家都批評阿納托利是一個不誠實的人，對集體的財產沒有責任心，還譴責他對勞動的人們不尊重。所有參與發言的代表都覺得，按照這種行為的嚴重性，應該把阿納托利的團籍開除掉。

如此嚴厲的批評嚇得阿納托利驚慌失措，這對他產生了非常大的影響 —— 很顯然，這是他頭一次見識到集體意見的力量。但大多數人仍然認為阿納托利並非無可救藥，他們願

意協助他改正錯誤。犯了錯的阿納托利看上去孤苦無依，手足無措，十分可憐。這就足夠令那些富有同情心的人對他此刻的痛苦產生同情。阿納托利所在的九年級的小組集體請求不要對阿納托利進行懲罰。他們所有人都願意為阿納托利做擔保，保證他以後必然可以成為一個好榜樣。

結束之後，阿納托利所在的班級也召開了團員會議。在這次會議上，團員們很坦誠的對他說：「我們為你做了擔保，就會對你負責任，你千萬不要忘記這一點。倘若你再犯了什麼錯誤，那麼受批評的就不只是你一個，我們所有人都會受批評。」

阿納托利向大家保證，將用行動來證明自己會成為一個優秀的成員。

每一個受教育的對象在生活中都經歷了一些對自己道德面貌的形成具有重要影響作用的事情，有時，對我們而言，這些事情不值一提。上面所說的這件事對阿納托利的成長來說，就產生這樣的作用和影響。這件事之後，他就發生了很大的變化了。他開始對集體的利益表示關心，對大家的痛癢表示關心，對於大家的請求，他也會一一應承，在遇到為難的事情時，他也會跟大家一起商量，共同解決。

第二學年剛開始的時候，阿納托利向學校請了三天假。

在三天裡，他始終在農場與那個曾經受他欺騙的曳引機

操作者共同勞動，原來是這個曳引機操作者的拖車聯接員生病了。

　　到了第二年的夏天，在暑假開始的頭一天，阿納托利便到曳引機隊參加勞動了。曳引機操作者給了他很高的評價。畢業之後，阿納托利變成了一個優秀的勞動者 —— 當了某個工地的司機。

　　還有一個例子 —— 有兩個五年級的班級到某個大城市去旅行，當時他們住進一座學校裡。到了夜裡，五年二班的一個男生遇到了一件很倒楣的事 —— 他尿床了。對此，五年一班孩子開始你一言我一語的挖苦他，一種不健康的好奇心開始強烈的產生，……這對五年二班全體同學的自尊心造成了極大的傷害，他們下定決心，不管怎樣都不能說出這個倒楣的尿床的孩子是誰。同時，為了向嘲笑和諷刺他們的人報復，五年二班的一個孩子居然還想出了一個詭計：用水把五年一班三個同學的床單弄溼。

　　「我們班只弄溼了一條床單，但是你們班卻有三條床單溼了。」五年二班的同學向嘲笑他們的五年一班同學發起了進攻。後者只得連連敗退。這樣的話，五年二班用一種非常巧妙而且機智的方法，以一種玩笑的方式化解了一樁不愉快的事情。這件事後，尿床的男生到處都努力的表現出自己對於集體的關心，成為小組中最為積極的成員，不但從不缺席各

項團體活動，而且總是懷著極大的熱情去幫助其他的同學。

老師如果能夠關心、愛護自己所教育的對象，那麼就一定能夠在其心中留下難以磨滅的印跡，但是如果集體也能夠關心、幫助學生，那麼在學生心裡就會留下更加深刻的印跡。所以老師的任務是讓每一個學生都體會到集體對自己的關懷，以及在他遇到困難的時候能夠為他提供必要的幫助，進而讓孩子對集體產生感激之情。

第五節　引導孩子懂得關心別人

我覺得，對別人的冷漠和麻木是最無法容忍也是最危險的一種性格缺點。尤其是在道德品格正在形成的時期，這樣的缺點就具有更大的危險性。有些孩子儘管也能夠遵守紀律、按時完成作業、做事認真謹慎，甚至熱衷於勞動、廉潔自律（指不會擅自占有公共財物及他人財物），可是，倘若他面對別人的煩惱、痛苦和憂愁時表現得無動於衷，倘若他不能為了別人而犧牲自己的一點小小的利益，那麼，這樣的人的紀律性再好，再勤勞，也都是建立在一個基礎之上 —— 利己，那麼上述他的所有優點也就不值得一提了。

一個心靈美好的人，第一要懂得愛別人。正是這樣的愛

人之心，才能成為他對團體事業忠貞不二、矢志不渝的基礎。我們覺得，培養下一代去愛別人，去積極的關心別人，是學校一項最重要、最高尚的任務。所以，我們在學生群體內部建立起各式各樣的關係的時候，一直都非常注意讓每一個孩子絕大部分的精力都用於關心別人，也就是關心同學、關心家長、關心所有希望獲得幫助和支持的人。在這樣的相互關係中累積起來的與道德有關的經驗，是培養類似善良、無私、真誠、具有同情心等很多優秀的道德品格的無盡泉源。

在我們的工作中，始終都堅持這樣一個原則──盡最大努力，爭取讓我們的培養對象在幼小的心靈中摒除一些惡習，諸如不尊重別人、對他人毫不關心、冷漠無情等。倘若一個學生在一天之內都沒能為他人做一件好事，我們就會覺得自己的工作出現了某種不正常的情況。我們的老師、輔導員從學生剛入學的時候，就開始著手讓他們自發的建立起相互之間的良好關係，讓每個孩子都可以隨時對自己的同學和其他人表示關心。以下就是一年級某個班同學在一個星期之內相互幫助的實際例子：

有個同學的手上纏了繃帶，在洗鞋子的時候很不方便，因此這幾天一直都是柯利亞在幫她洗。

有個同學帶了一個大球到學校裡。男生們都拿著球來

玩。後來球落到了一片茂密的槐樹枝上下不來了，在那裡高高的掛著，這時托利亞就立刻爬到樹上把球拿了下來。後來他連續三次爬到樹上去幫助大家取下了球。

有個同學還不會自動手削數學課上需要用的小木棍，也不會把小木棍捆成一捆，於是柳芭、加利婭便經常為他提供幫助。

有個同學被蜜蜂螫了，讓娜幫她把毒刺從傷口中取了出來，並且用自己的手帕把她腫脹起來的額頭包紮好。

莉達的旅行袋上有一個扣子掉下來了，托利亞同意將自己旅行袋上多出來的一顆扣子剪下來，由女老師幫莉達縫到她的旅行袋上。

維佳的媽媽有兩天不在家，偏偏奶奶又生病了。班裡的兩位同學就請自己的父母去幫忙照顧維佳的奶奶。這兩位同學的家長為病人提供了很大的幫助。同時，班裡的其他孩子也都非常積極的幫著拴柴禾、掃地、收垃圾。

有一個男生沒穿鞋就在路上走，所以導致他扎破了自己的腳。妮娜和沃洛佳就攙扶他來到了教師休息室，並幫他包紮好了傷口。

班裡有一個殘疾孩子，他只有一隻手臂和一隻眼睛，班裡的所有同學都覺得幫助他是自己應該做的，在天氣不好的

時候，大家會送他回家，一路上非常小心的照顧他，不讓他摔跤、絆倒。每天總會有男生或女生到他家裡去幫他背書包。當他生病的時候，全班同學都會到他的家裡去，把當天新學的字母以及需要讀的故事書帶給他。

新的一個星期開始之後，孩子們相互之間的關係裡又產生了新的變化。就這樣，一天又一天過去了，一年又一年過去了，孩子們之間的相互關愛和相互負責的精神變得越來越強，而且慢慢的從小事擴大到了大事。因為孩子們在這幾年間一直都對自己的同學予以關心，所以對每一個有需要的人，他們都會提供幫助，而不是視若無睹、冷漠無情。

有一次，村子裡一位女性得了很嚴重的病，被送到了醫院裡，但她的家裡卻留下兩個年幼的孩子，一個只有三歲，另一個也不過六歲。孩子們焦慮不安的將這個情況報告了輔導員。輔導員向大家發出了倡議——同學們積極報名，負責在這位女性出院前的一個星期裡照顧她的孩子，並幫孩子的爸爸打掃房間、做飯。還向孩子送去玩具，跟他們講童話故事來哄他們。

處在少年特別是青少年時代的學生，在關心自己的同學時，通常已經能夠明白一個人應當忠於夥伴、忠於朋友的道理。所以，我們在處理中、高年級學生相互之間的關係時，應當盡量創造條件讓他們在相互幫助、相互關心的過程中，

能進一步表現出頑強性、原則性和堅定性，表現出他們的道德準則與自身信念的忠誠。在這一階段，同學之間的互相關心就其深度而言就更進了一步。例如：正在上十年級的安娜，她的爸爸生病了，這個小女生一連好幾天都在醫院裡伺候爸爸。她的好朋友斯維特蘭娜擔心安娜會缺太多的課，便帶著班裡的同學輪流去值班，幫忙照顧病人。

奈利亞和莉季婭得知她們兩個的好朋友拉伊薩想要休學，家人卻沒有阻攔，兩個孩子跑到拉伊薩的家裡，說服她的家長讓女兒讀完中學。拉伊薩的父母覺得女孩們說的有道理，於是就同意了。這樣，拉伊薩讀完了中學。

工地上有個年輕的工人對莉季婭說了侮辱的話。莉季婭的好朋友友柳芭堅持認為莉季婭沒有做錯什麼，她直接來到了這個工人的家裡，直接向這個工人表達了自己對他的言行的意見。她說，倘若這個工人不能到班裡來當著所有同學的面向莉季婭致歉，那麼她與其他的女同學必將設法上告到社會法庭，讓法庭來處理這件事。工人知道自己理虧，只好到班裡來向被他侮辱過的女孩請求原諒。

九月，葉夫根尼在俄羅斯文學課（作文）上連續兩次出現了不及格的情況，這門課成績優秀的伊萬就向老師做出保證，他會幫助葉夫根尼把成績提升上去。從此之後他們兩個人就總是一起學習。伊萬督促葉夫根尼一定要注意對語法進

行練習。這樣，到了十月分的時候，葉夫根尼在作文課上便得到了「優」。但是伊萬對他的關心卻並沒有因此結束，他繼續與葉夫根尼一起學習了好幾個月的時間，直到他的作文成績能夠保持穩定、不需要再繼續擔心為止。

每一個學生們，在做這種高尚的事情時，自然就會讓個人利益受到一些損害。因為關心其他同學總是會付出一些個人的時間和精力，總會要讓自己變得更加緊張，但正是如此才讓這種自我犧牲有了意義，才能真正建立起個人的自尊感，才能讓年輕人變得更加高尚。

在我們的學校裡保留著這樣一種傳統：所有的同學會連續好幾年對那些需要經濟上的支援或其他方面的幫助的同學表示關心。這是一種重要的方式，能夠培養他們熱情、真誠、同情心等優秀的特質。我們學校有的同學完全是依靠這樣的幫助才讀完了中學的。這樣的做法對於被幫助的人和提供幫助的人都有著很強的教育意義。例如，在伊萬和維克多兄弟倆讀到四年級的時候，他們的爸爸死了，媽媽也生了病，正在上六年級的哥哥弗拉基米爾成為家裡年齡最大的孩子。媽媽決定讓弗拉基米爾輟學。伊萬和維克多勸說媽媽，希望別讓哥哥半途而廢。三兄弟利用暑假的時間到農場去勞動，以此來補貼家用並且為自己購買教科書。同時，班級也在經濟上為他們提供了大力支援。同學們從自己夏天的勞動

收入中拿出一部分錢用作了同學之間互相幫助的基金。

兄弟倆讀完了七年級之後，原本是決定就業工作的，但班級說服了他們的媽媽，讓他們繼續留在學校裡學習。大家還幫助他們倆準備好了過冬的木柴，而且將班級兩年來義務勞動得到的報酬都替他們倆交了學費。所有這些事情都是在十分祕密的情況下做的，以致受到幫助的人根本就不知道班級幫他們交了學費。班裡也從未有任何一個同學說過一句哪怕是稍微帶有暗示性的話 —— 讓他們覺得自己在某種程度上只能依附於班級來生活的。孩子們採用這種巧妙而含蓄的作法，說明這些小女生和小男生是非常有同情心、非常無私、非常具有自我犧牲精神的。

還有另外一條重要的途徑，可以培養真正的人道主義，可以培養同情別人、關心別人，熱情待人等優秀的特質，那就是讓高年級與低年級的孩子們建立起友誼。

有一個五年級的孩子，在加利婭上學之前就與她建立了深厚的友誼。加利婭生了病，她的手、腳、關節由於長期生病而總是疼痛不已。越是在天氣不好的時候，就越是疼得厲害，有時即使沒有特殊的原因也會發病，每次發病的時候，就會連續好幾個星期躺在床上起不來。當孩子們與加利婭相識的時候，她正好發病了。孩子們用盡所有辦法想要減輕這個小小的患者的痛苦，他們每天早晨都會來到病人的家裡，

幫助加利婭的媽媽把她從房間裡抬到有陽光的地方，然後將她安頓到一張小床上。為了避免讓陽光直接照射她的頭部，他們還在樹上特意掛上了一床棉被。孩子們每天都會為這個小女孩朗讀童話故事以及英雄傳奇。在她過生日的那天，孩子們還送給她一本帶著插圖的安徒生童話。

　　一到陰天下雨的時候，加利婭就會感到非常難受。此時孩子們前來探望就會讓她感到莫大的安慰。可是有一次，當加利婭感到非常難受的時候，恰好孩子們正在為十月節日忙著做準備，一個星期的時間誰也沒辦法看望這個小女孩。加利婭哭著乞求媽媽到學校裡去請孩子們來看自己。媽媽到學校裡轉達女兒邀請的那一天，正好是節日的前夕。班裡同學感到有點為難，誰也不想在高高興興過節的時候在一個生病的孩子旁邊坐著。這時候女老師有意無意的朝著尼古拉看了一眼，這個小男生馬上主動提出去加利婭家裡陪著她。就在節日前的那個晚上，尼古拉始終在病人的身旁守候著，為她讀詩、讀童話，還跟她一起玩有趣的玩具。到了第二天學校舉行文藝演出活動的時候，除了尼古拉之外，加利婭的家裡又來了兩位女同學。等到文藝演出活動結束之後，全班的同學都來了。孩子們將專門為十月節日準備的節目在加利婭的房間裡重新又演了一遍。

　　自此之後，這種讓加利婭在節日期間一個人過節的情況

下篇：要相信孩子

再沒有出現，總有孩子陪伴在她的身邊。每一次，當為了這個生病的小女孩，需要有人犧牲自己與同學們在一起所享受到的愉快和歡樂時，老師總是會向同學們發出號召，然後由同學們自願報名。而自願報名的同學卻經常是那些平時對同學冷漠，甚至沒有一點感情的孩子。這是由於大家都明白，老師號召大家去做的這件事情很明顯是非常高尚的，不管什麼樣的孩子，在內心都不會不為之所動。到了冬天，加利婭的病情有所好轉。孩子們經常扶著她到戶外去呼吸新鮮的空氣，還特意為她做了一個用手推的那種雪橇。過年的時候，小女孩又被孩子們接到學校去看新年樅樹。另外，大家幫助她在她的家裡做了一棵小小的新年樹。後來這一做法就變成了傳統，但凡是在過年期間生病的孩子，同學們都會來到他的家裡，為他準備一棵新年樹。

春天來了，五年級的同學與學校的工廠合作，一起為加利婭做了一個小推車。天氣剛剛變暖和，小女孩就坐到小車上到戶外去曬太陽。

夏天的時候，加利婭的身體狀況已經有了明顯的好轉。孩子們將她接到夏令營活動現場，讓她在那裡一邊休息，一邊開始為了上學而複習功課。到了加利婭入學時，全體同學送給她一件烏克蘭式的襯衫作為禮物。但是加利婭上學僅僅兩個月之後便再次病倒了。此時加利婭的朋友們都已經升

上六年級了。為了不讓加利婭在學習方面落後，他們每天輪流來到她的家裡，教她拼讀字母，教她讀書、寫字、算數學題。一年級的女老師也經常來到加利婭的家裡，指點同學們應該怎樣教生了病的加利婭學習，以免她落後於班裡的其他同學。初冬的時候，加利婭能夠從床上起來了，但是僅僅上了一個半月的課之後便又病倒了。同學們感覺到，一項重大的責任落到了自己的肩上。大家覺得加利婭的理解能力很強，而且很勤奮，倘若在家裡幫她補課，就可能讓她不落後。因此同學們便開始了一場看上去極為平凡，但是既需要長久的耐心又需要細膩個性的日常勞動。他們在付出了極大的精力之後，讓這個在學校裡待了僅僅兩個月左右的小女孩趕上了進度，並且讓她順利的從一年級升到了二年級。在一個陽光燦爛的日子，學校的校長、教務主任和老師全都來到了加利婭的家裡，他們對加利婭各方面的知識和技能進行了考核，最後鄭重宣布：學校教務會議正式同意加利婭升上二年級。同時學校的主管還對幫助加利婭的同學們給予了口頭嘉獎。對所有孩子們來說，這一天過得非常愉快。

　　到了二年級的時候，加利婭依然總是生病。同學們請求木工幫她做了一件可以讓她坐起來，同時又能夠在上面畫畫、寫字的設備。──就這樣，在高年級同學的幫助下，加利婭順利的讀完了二年級、三年級。到了後來，加利婭被

送到了療養院進行療養，她的健康情況有了明顯的好轉，但是她與大孩子之間的友誼卻從來都沒有中斷。在這些大哥哥大姐姐即將畢業的時候，他們也始終對加利婭的成績表示關心 —— 經常檢查她的作業，指導她完成老師留的作業。

在即將畢業時，畢業班裡的孩子與加利婭留下了一個十分動人的告別場景，每一位畢業生都送給加利婭一本書，書上簽著自己的名字。

對自己的同學表示關心，意識到自己在道義上對夥伴應盡的責任和義務，無償的為夥伴們付出勞動，這些行為能夠讓看上去很難教育好、對人冷漠麻木的孩子變得高尚起來。即使是最冷漠麻木，最不具同情心的孩子，只要能夠接受我們的啟發，他們就能夠去學著關心其他的孩子，他們自然就能夠慢慢變好，變得更富有同情心，變得更加願意關心他人的痛苦和煩惱。

在我們這些老師中間，大概誰也不會忘記尼古拉這個孩子，他是一個固執而且總是不聽話的學生。即使是耐性最好的老師對他也是一點辦法都沒有。這並不是由於他調皮、喜歡搗蛋耍花招，而是由於他對所有的人和事，特別是對集體和同學們的利益一點都不關心。尼古拉身上的這些缺點，後來慢慢在四、五年級各個班的男孩子之中也都相繼表現出來。有一次，班裡的孩子們費了很大的力氣剪輯出了一組反

映他們暑假生活片段的照片。而尼古拉身上穿著的衣服還是溼淋淋的，就硬是往上湊。通常來說，不管哪個孩子，如果無意間做出了這種事情，起碼會覺得難為情。但是尼古拉卻一點羞愧的神色都沒有，只是毫不在意的向著被他弄壞的照片看了一眼。更令人生氣的是，當大家向他提出建議，希望他另外拿出一張紙把標題和說明重新寫出來的時候，他竟然嗤之以鼻。尼古拉面對遇到困難需要幫助的小同學時，也是如此冷眼相待的。

　　有一次，尼古拉走在半路上，遇到了一個在泥濘的路面上滑倒的一個一年級小同學。這個孩子的整個身體都趴到了地上，上課用的書都被壓到了他的身體底下，上面沾滿了泥汙。尼古拉不僅沒有走過去攙扶他，反而從他身旁繞著走，而且一邊走一邊取笑這個孩子道：「我可不想像你一樣也在這裡摔倒！」

　　經過我對尼古拉的認真觀察，我發現他正像有些孩子想要透過五花八門的頑皮行為來吸引別人的注意力一樣，尼古拉的主要目的是透過對所有事物採取冷漠的態度，來讓周圍的人尤其是老師注意他。對於這樣的孩子，就更需要對他加強引導，讓他學會關心他人了。

　　因此，我趁著節日的機會，帶著一個年僅五歲的小男孩米沙來到了尼古拉所在的班級。米沙是個孤兒，他的爸爸在

下篇：要相信孩子

戰爭快要結束的時候犧牲了。班裡的孩子們帶著濃厚的興趣聽我講述了米沙爸爸的英雄事蹟，還有米沙爸爸在犧牲之後因為立功被追授勳章的情況。在我介紹完畢之後，全班所有同學都對這個小男孩給予了極大的同情。他們承諾送給這個小男孩一個滑翔機模型作為禮物，同時還要送很多其他的禮物給他。在這樣熱烈的氣氛下，尼古拉也不再像以往那樣絲毫沒有任何感情的流露。他來到小男孩的面前，彎腰湊近他身旁小聲的對米沙說道：「下一次我會帶一個能蹦跳的鐵皮青蛙來送給你。」米沙聽了之後又驚又喜，以至於嘴都合不上了。從此之後尼古拉與米沙兩個人之間就建立起了友誼。尼古拉送給了米沙好幾個發條玩具，另外還送給了他非常多的彩色卡片、彩色圖畫書以及幾個他親自動腦筋設計並製作出來的用來捉蜘蛛的小玩意，以及一些非常受到孩子們重視和珍惜的「寶貝」。這兩個男生不但合力做了一個風箏出去放著玩，而且還在一起釣烏龜、打黃鼠。到了夏天，尼古拉就到墳場邊的青草地裡去放牛，而米沙則成天跟在他的背後，兩個人形影不離。

　　全體同學展現出來的對米沙的關心愛護之情，讓尼古拉受到了極大的觸動，這也讓他與同學們之間的關係變得日漸親密起來。在這個此前一直故意表現出粗暴無禮態度和行為的孩子身上，慢慢可以發現他對於米沙——而且不光是米

沙，還有對與其他很多同學的關心與照料。

在米沙剛剛開始上一年級的時候，尼古拉已經升上六年級了。他參加了少年技術員小組，而且經常帶著米沙一起參加了這個小組的活動。每次尼古拉在鋸東西或是剪東西的時候，米沙總能夠忠實的在他的身邊守候著。

尼古拉在米沙即將讀完一年級的時候，用學校的廠房裡的工具和材料為米沙做了一個可以實際操作的快艇模型。這種行為不但增強了米沙對於尼古拉的友情，而且也增強了尼古拉對於班級的認可，因為尼古拉每做一件事情，都會贏得班裡所有同學的高度讚揚。進入二年級以後，米沙也正式加入了少年技術員小組，並積極參加各項活動，他總是和尼古拉一起進行各種操作、參加各種活動。

米沙對尼古拉的感激和信任已經變成了一股強大的力量。這種力量不僅給了尼古拉做好事的動力，而且還讓尼古拉有了自信，他相信自己是一個優秀的孩子，是一個正直、誠實的孩子，他相信這麼做都是對的。另外，尼古拉在與米沙建立友情之前對自己時好時壞的成績一點都不在乎，但是此時他開始非常重視自己的分數，生怕會落後於人。

在米沙上三年級、四年級和五年級的同時，尼古拉正在上八年級、九年級和十年級。班級對米沙表現出來的關心越多，尼古拉就越覺得自己對米沙的這種關心其實是對班級應

盡的一項義務。特別是米沙上四年級的時候，他的數學成績總是落後。尼古拉就與班裡的同學們開會討論了這個問題，會上，尼古拉當場做出了保證，必定會幫助米沙掌握解習題的方法。他忠實的履行了自己的承諾，在幾個月的時間裡，尼古拉一直都在對米沙的數學進行輔導，他詳細的為米沙講解每一道習題的內容，並按照自己掌握的方法，從一個學生的角度，指導米沙如何進行練習。米沙原本在學習數學的時候遇到了非常大的困難，最終他之所以能夠解決這些困難，一來是由於他付出了艱辛的學習，二來也是由於他在面對尼古拉的時候總有一種義務感，這促使他不想讓尼古拉因為自己而丟臉。

即將讀完十年級的時候，尼古拉將自己那套最好的鉗工工具全都送給了自己的小朋友米沙。米沙也走上了與尼古拉當年曾經走過的完全一樣的道路，他也成為少年技術員小組之中最積極的一分子，並且像尼古拉一樣，與一個三年級的小男生交了朋友。這個三年級的小朋友既可以從自己的大朋友米沙那裡學到很多技能和技巧，又在他的影響下培養出了高尚的道德情操，比如無償為集體付出辛苦和勞動，細膩的關心別人，體貼別人，待人真誠懇切。

從教育的角度來看，我們有這樣一種看法 —— 在為孩子安排的各項工作任務中，能夠獲得最大收效的往往是那些為

社會和集體創造出物質財富的活動。絕大多數情況下，這些活動不會為學生本人帶來任何物質上的利益。但越是這種無私的活動，越能夠讓這些孩子在道德品格方面得到提升。

除了參加創造有著物質價值的勞動之外，還有一些同樣非常重要的社會性工作需要去做，比如去幫助那些教育程度很低的婦女或老年人學習文化知識；幫助那些低年級不努力、不遵守紀律學生提高學習成績，幫助行動不便的老年人和殘疾人等等。這些工作跟體力勞動是一樣的，不但需要具備堅強的意志和堅韌的精神，而且需要付出大量的艱辛的勞動。

教中年以上的人學習文化，這項工作通常由十三、四歲的孩子來負責。它通常會成為一項特別的教育工作。由於學生們不但教會了他們讀書和寫字，還向他們闡述了政府的各項法令和政策，這就在某種程度上對他們的日常勞動產生了促進作用。通常來說，這項任務都是由那些最有自制能力、品行最好、紀律性最強的學生來完成的。

同學之間相互幫助、互相關心、相互負責，這種團結友愛的人與人之間的關係，是展開教育工作的力量泉源。所以，我們一直都在竭盡全力的鞏固與強化這種關係，讓每一個學生都能夠從小就把自己當成一種力量——包括物質和精神兩方面的力量，透過這種力量來樹立集體的良好風氣。

第六節
在校期間沒有教育好的孩子如何改造？

當你親眼見證一個人從七歲的孩子慢慢變成一個在道德上成熟且合乎社會標準的成年人時，當你發現他從剛剛開始勞動生活就已經是一個勤奮、誠實的勞動者時，你就會自然而然的獲得一種精神上的極大滿足，一種全新的力量，並因此受到了極大的鼓舞，並決心更加努力的去從事老師這項艱鉅而又高尚的工作。反過來，假如年輕人離開學校之後沒有任何的生活能力，又愛偷懶又喜歡撒謊，甚至總是做壞事、違法犯罪，那麼你一定會覺得非常痛心，一定會認為自己對社會，對這個曾經被你掌握了他命運的人沒能盡到相應的責任。

儘管我們這些當老師的已經付出了最大的努力，但有的時候我仍然不免會對自己的工作結果感到痛惜：少數從學校畢業的學生在走出校門以後，完全喪失了獨立生活的能力，更為嚴重的是，他們的惡劣品行以及對於勞動那種不負責任的態度，對學校的在校生、畢業生，乃至全社會的年輕人而言都產生了非常壞的影響。

這一部分學生儘管已經從學校離開了，不再是我們學校的學生，但我們卻絲毫不會因此而覺得輕鬆，正好相反，我

們會為了他們今後的前途感到更加焦慮和不安。近十年來，我們的學校一共出現了十二個這種特別的學生。他們主要是六年級至九年級期間就早早離開學校的學生。學校沒有教育好他們。所謂的沒有把他們教育好，主要是指在德育方面沒有達到教育的目標。至於知識，大多數人都是合格的，其中只有兩個人沒有讀完七年級。

這些個別的學生在生活和勞動方面的表現，一年比一年讓我們覺得學校應該對這些培養對象負起道義方面的責任，絕不能由於他們已經不再是學生而終結這一點。

以下是一些學生的具體情況：

一個名叫安德列的學生，他的父母一生中從來都沒有做過對社會有益的事情。這原本就對孩子造成了很壞的影響。可是更加糟糕的是，當安德列還在上三、四年級時，媽媽就教唆他去盜竊國家的貴重財物，這當然就對安德列造成了更壞的影響。安德列在學校裡也經常會偷竊東西。所以我們派出專門的老師對他進行觀察，另外班級內部還專門為他成立了一個互助小組，主要是為了讓他變得誠實、不弄虛作假並且熱愛勞動。在一段時間之內，安德列的確被吸引到了生氣勃勃的團體生活中去了，他開始積極的參加各式各樣對社會有益的勞動，可是家庭讓學校經過努力所獲得的成果全都化為泡影。安德列到了十五歲，讀完七年級後便輟學了。我們

曾經努力過，讓他到農場去工作，讓他跟著一些誠實而認真負責的員工一起勞動。可是不久他的父母又強迫他到森林去砍伐木材，在那裡，他又犯了偷竊的老毛病，不再認真工作，而是整天四處閒逛，無所事事。到了放暑假的時候，安德列與學校裡五到七年級的一群學生做起了朋友。毋庸置疑，他對這些學生造成了很壞的影響。通常，我們會將這種壞的影響稱為「周圍環境的不良影響」、「街道上的不良影響」、「狐朋狗友的不良影響」。

另外還有一個名叫弗拉季斯拉夫的學生，他從小就失去了爸爸。媽媽不但沒有對孩子進行任何必要的灌輸，反而對學校展開的教育進行干涉。學校本來想將弗拉季斯拉夫培養成一個誠實的、熱愛勞動的、具有集體主義精神的學生，但弗拉季斯拉夫的媽媽卻讓所有的設想變得不可能實現。學校付出了最大的努力才讓弗拉季斯拉夫念到了七年級，等到他十六歲時又將他送入技術學校。可是過了兩個月之後，他由於整天遊手好閒而被技術學校開除了學籍。後來他又進入農場去勞動。但在農場他也不肯老老實實的做事。所以讓人絲毫都不感到奇怪的 —— 弗拉季斯拉夫與安德列成了朋友。假如再有兩、三個年輕人，他們也像弗拉季斯拉夫和安德列一樣，從剛開始獨立生活的時候就在哪個地方都待不下去，那麼肯定會形成一種極為惡劣的社會風氣，這不僅會威脅到弗

拉季斯拉夫和安德列兩個年輕人的未來，而且對學校正常展開教學教育工作也會形成極大的威脅。

要讓學校今後不再出現這樣的特殊學生，這一點我們難以保證，這種沒能教育好的學生毫無疑問將會使周圍的環境風氣變得更加惡劣。而學校對他們在各個方面所產生的惡劣影響已經有了很強烈的感受。如何才能讓我們的學生不受周圍惡劣環境的影響呢？這個問題已經非常嚴肅的擺在了每一個老師的面前。把在校生和這些有可能對他們產生不良影響的年輕人完全隔絕嗎？這不但是無法做到，而且也是一種不正確的做法。

在討論之後，全校老師一致覺得，如果說對於學生不能掌握應有知識的現象還可以容忍的話，那麼對於道德方面沒有教育好的年輕男女則萬萬不可中途放棄。對他們的教育一定要堅持到底。下面我就談談如何具體的進行這項極為重要的工作。

大概是在六年以前，我們將前面提到過的這些年輕人中的九個人請到學校裡，與他們展開了一場坦率的談話。談話之後，其中幾個曾經就讀於我們學校的年輕人向我們承認，他們自己也會受到了良心的譴責，並對此感到痛苦，他們願意重新開始生活，但卻不知道該怎麼做。極少數的年輕人雖然並不覺得自己的狀況有什麼可恥之處，但也不否認加入到

這項工作中來。

鑑於這一情況，學校決定為他們提供一些便利條件，在教學工廠成立一個專門學習製作家具的木工小組，目的是讓他們所有人在經驗豐富的的老師傅指導下勞動，並最終掌握木工的專業技能。這幾個年輕人都接受了學校的提議，加入了木工小組當起了學徒。

在勞動過程中，我們尤為重視這些年輕人的心理教育工作。我們要求他們在生產勞動的過程中熟練掌握專業技能，讓他們親眼看到自己的勞動成果，同時積極參加學校組織展開的各項活動。的確，將這些沒有組織性與紀律性，習慣了自由散漫的年輕人凝聚成了一個勞動的團體，需要付出極大的精力。我們向新的教育對象提出的第一個要求就是愛護勞動工具、維護好生產設備。他們所使用的勞動工具都是學校為五到七年級的學生準備，所以他們更有必要加倍愛護這些工具。

我們之所以能夠較為順利的對這些幾乎已經無可救藥的年輕人展開教育工作，最主要的一個前提就是這些年輕人已經被納入學校這個大團體之中了。每天，到這個工廠裡來的不光有五到七年級的學生，而且還有老師、家長和學校各個組織的代表。我們學校習慣將這組年輕人稱為「我們的木工」。當「我們的木工」掌握了做正規家具的技能時，他們的工作成果不但變成了一到四年級，甚至成為五到七年級學生

議論的焦點。如此一來，「木工們」對這項工作自然就更有興趣，而且更加精益求精了。而我們則千方百計的對他們這種力求上進的精神、以擁有專業技術為榮的自豪感進行培養和鼓勵。

　　尤其令這些年輕的勞動者在精神上感到滿足的是，他們之中的每一個人都交到了新的朋友 —— 那些希望向他們學習技術的學生。最後，這些曾經專門喜歡搗亂，視學校紀律如無物的年輕人之中，竟然有人成為某些小組的負責人。

　　這些原本沒有養成堅持不懈、按規律勞動的習慣的年輕人，對他們來說，要培養起熱愛工作的優秀特質，特別是掌握一門技術，是非常困難的。在對他們展開教育的時候，尤其是在最開始的幾週之內，他們曾經出現過很多次對工作極不負責任的情況。

　　例如，米哈伊爾和弗拉基米爾最開始並不關心自己將來是否能夠掌握一門專業技術，於是負責木工的老師定了這樣一條規定：凡是不能自願參與工作的人都不能參加由團體合作來完成的工作，他們只能單獨的接受某項單獨的工作，直到他可以用自己嚴肅的態度證明他以後想要與大家一起工作才行。於是米哈伊爾和弗拉基米爾就成為上述規定的被執行對象。當時所有的木工正在做門，但這兩個閒散的年輕人只能被分派去做托兒所使用的小板凳。這項工作不但需要下很

大的功夫，而且需要仔細認真的工作態度，如果缺少了團體的幫助，僅僅依靠這兩個年輕人的力量，是很難做好的。所以他們主動向老師請求，希望參與團體工作，並希望團體幫助他們完成這項做小凳子的任務。

就這樣，我們經常透過生動的事例來教育每一個對象，讓他們明白一個人必須依附於集體，僅憑個人力量是無法很好的完成任務的。後來米哈伊爾和弗拉基米爾順利的完成了學徒階段的工作，開始了獨立工作，成為合格的木匠。他們兩個製作的東西，特別是家具，總是能夠獲得非常高的評價。

在上述工作以及獲得的工作成果中，我們覺得最重要的就是明確教育的目的。也就是說，學校應該對學生的生活進行干預，同時積極的改善周圍不利的環境與條件，因為這種周圍環境的壞影響，往往會成為導致學校教育工作中各種失誤和不足出現的重要原因。

現在，普通教育已經得到了普及，每個人在青少年時期都會接受學校教育。但凡因為某些特殊原因在完成中等教育之前未能進入學校學習的人，都需要在接近青少年或是青年時代接受類似的教育，直到他們在道德品格方面達到完全成熟的水準才可以。對於社會和學校來說，這樣都是非常有必要的。因為假如學校可以將那些由於各式各樣的原因而中途

輟學的人全都聚集在一起進行教育，那麼上述惡劣的外界環境也就完全可以避免了。但令人感到遺憾的是，目前我們對於周圍的不良環境仍然懷有畏懼情緒，而學校對於這種環境的形成也應該負有一定的責任。

官網

國家圖書館出版品預行編目資料

蘇霍姆林斯基談教師與學生：智育的真正含義、培養良好的記憶力、集體對個人的威力，著名教育理論家給老師的建議 / [蘇聯] 瓦西里‧蘇霍姆林斯基（Vasily Sukhomlinsky）著，王豔萍 譯. -- 第一版 . -- 臺北市：崧燁文化事業有限公司 , 2023.02
面；　公分
POD 版
譯　自：Vasily Aleksandrovich Sukhomlinsky on education.
ISBN 978-626-357-080-1(平裝)
1.CST: 蘇霍姆林斯基 (Sukhomlinsky, Vasily, 1918-1970) 2.CST: 學術思想 3.CST: 教育哲學 4.CST: 教育理論
520.11　　111022274

蘇霍姆林斯基談教師與學生：智育的真正含義、培養良好的記憶力、集體對個人的威力，著名教育理論家給老師的建議

臉書

作　　　者：[蘇聯] 瓦西里‧蘇霍姆林斯基（Vasily Sukhomlinsky）
翻　　　譯：王豔萍
發 行 人：黃振庭
出 版 者：崧燁文化事業有限公司
發 行 者：崧燁文化事業有限公司
E - m a i l：sonbookservice@gmail.com
粉 絲 頁：https://www.facebook.com/sonbookss/
網　　　址：https://sonbook.net/
地　　　址：台北市中正區重慶南路一段六十一號八樓 815 室
Rm. 815, 8F., No.61, Sec. 1, Chongqing S. Rd., Zhongzheng Dist., Taipei City 100, Taiwan

電　　　話：(02)2370-3310　　傳　　真：(02) 2388-1990
印　　　刷：京峯彩色印刷有限公司（京峰數位）
律師顧問：廣華律師事務所 張珮琦律師

定　　　價：299 元
發行日期：2023 年 02 月第一版
◎本書以 POD 印製